U0048150

後藤克典、Office J.B 著　夏淑怡 譯

來當一日希臘人

CG世界遺産
古代ギリシャと世界の７不思議

序

西歐文化的源流——希臘

一聽到「希臘」，你會想到什麼？其實在我們的生活周遭到處可以聽聞有關希臘的語言或文化。

舉例來說，我們所居住的太陽系星座名稱或星期說法，就是來自希臘神話（或是以希臘神話為本的羅馬神話）。有關奧運的起源，那更不用說。即使到了今天，大家也很熟悉這個始於二千八百年前的運動盛會的名稱是怎麼來的。

此外，現在西方哲學的起源也可追溯至希臘哲學（Philosophy，哲學一詞也源自希臘語），而西方飲食與音樂的淵源也與希臘脫不了關係。

文藝復興時期，熱衷西方文明的學者掀起一股研究古希臘文明的風潮，到了十九世紀，在當時嶄新學問「考古學」的帶動下，希臘文物被廣泛地發現、發掘以及復原。不過，現在這些發掘出來的貴重文物，大部分由負責挖掘的西歐各國以戰利品的名義帶回國，成為各博物館的收藏品，其中以大英博物館的館藏最多。

換句話說，當我們要緬懷這些遺跡時，除了到當地觀賞遺跡之外，還必須到這些博物館仔細品味收藏品，才能拼貼出當時的文明印象。即使如此，這些也只不過就是「遺跡」而已。

那麼，當我們不把這些遺跡當「遺跡」看，而把它們當成日常生活的一部分來接觸時，會出現什麼樣的風貌呢？雖然閱讀相關學術書籍也可以有某種程度的體悟，但畢竟不會有逼真的臨場感。

然而，如今我們可以透過這本運用電腦數位影像（Computer Graphics，簡稱 CG）的書來了解這種感覺。這本書是後藤克典先生親自嘗試將古希臘遺跡一一重現的鉅作。

不過，CG 絕非無所不能的魔杖，「重現」的影像仍在想像空間內。本書的畫面是基於各種現存的資料與學說，加上獨特見解所製作完成。但希臘文明還存在著許多待解之謎，所以現狀是不可能完全正確無誤。此外，配合製作的方便，省略了許多意識型態的東西。不過，本書描繪的圖像至少已極為貼近實物，等於重現了三千到二千年前的希臘文明。

此外，本書以希臘為主，極寫實地呈現出愛琴海、希臘化文化的建築技術與文化；並嘗試將「世界七大奇景」忠實地再現。這些奇景現存的遺跡不多，所以正好符合拿來當 CG 影像的題材。

如果透過本書重現的影像，能讓讀者對現代文明起源的希臘，以及成功發揚希臘化文化的羅馬有所體悟，我們會覺得很慶幸。

目次 Contents

古希臘與
世界七大奇景

伊斯坦堡

亞歷山卓港的大燈塔
吉薩的金字塔
巴比倫的空中花園

貝加蒙

伊士麥

棉堡

德爾菲

艾菲索斯的阿提密斯神殿

邁錫尼　　　雅典

古希臘圓形劇場

奧林匹亞

毛索洛斯墓廟

羅得斯島巨像

克諾索斯宮殿

現在的希臘與古希臘有何不同？

　　希臘共和國。希臘一詞有幾種不同的發音，若以葡萄牙文發音，就是「Grecia」；若是以希臘語發音，就是「Ellas」和「Ellada」。這個面臨地中海與愛琴海的國家，人口約一千萬人，是世界人口排名第七十四的國家。它的土地面積則排名第九十四，所以絕不是一個很大的國家。

　　可是，談及這個國家對世界歷史所造成的影響，可說屬一屬二。當然這是指古希臘時代的事。

　　現在的希臘共和國，其實早已不是西元前三千至二千三百年盛極一時的古希臘。從勢力範圍來看，古希臘還包括現在土耳其臨愛琴海

一帶，以及同樣位於土耳其境內、以木馬屠城記聞名於世的特洛伊，以及另一個大城艾菲索斯（Ephesos）。而古希臘人的民族性也完全不等同於現在的希臘人。

　　古希臘人們生活在城邦（希臘語 polis，英語 city-state）中，不但沒有所謂的「希臘」國家的存在，還不斷與同為希臘人的同胞發生戰爭，而且眾多城邦積極尋求海外殖民地。現在的歐洲，以法國馬賽為代表，都是從希臘殖民城邦發展而來的城市。那麼，我們要根據什麼來論定哪些地方的人是古希臘人呢？

　　古希臘人之所以為希臘人，就在於他們擁有共同的語言和祖先，他們自稱為「Hellenes（希臘人）」（即出現在希臘神話中的希倫〔Hellen〕的子孫），並將非其族類者，稱

為帶有蔑視意味的「Barbarian」（野蠻人或異族）。

　　希臘人信奉視宙斯為最高神明的希臘十二神祇、希臘神話。由於信仰在德爾菲（Delphi）的阿波羅神諭，所以他們在市中心區建造了各式各樣祭祀神祇的神殿或雕像。此外，為了歌頌眾神在以奧林匹亞為首等四地所舉行的祭典，於日後發展成為眾所皆知的奧運，吸引了眾多來到希臘的人們的目光。

大放異彩的古希臘文化

　　古希臘人所創造出來的文化，相當獨特。

　　經常有人認為，雅典娜（Athena，現在的雅典）是世上最早實施民主政治的地方。這種說法一半對一半不對。因為，古希臘是男權至上的社會，只有成年男子享有民主政治，女人和負責勞動的奴隸社會地位都比較低。此外，戰爭也是供給奴隸的來源。

　　古希臘的成年男子通常是臨危受命出征的戰士或是政治家，從來不做卑微的勞動工作（另有一說是擁有奴隸的家族，一家四口都可以不做勞動工作），他們日常的功課就是鍛鍊身體及發表議論。因此，古希臘產生許多哲學或科學的理論。

　　在這樣的背景下，希臘孕育出非常波瀾壯

麗的文化，而且幾乎原封不動地傳承至羅馬帝國。在羅馬帝國，知識階級都說希臘語，其子弟大部分也是到希臘留學。

希臘文化就這樣擴展至歐洲各地，成為現在西歐文化的源流。本書忠實重現希臘人所重視的雅典、德爾菲、奧林匹亞等地，以及扮演希臘文化中心要角的城市當年的情景。

亞歷山大大帝與「世界七大奇景」

另外，希臘文化也因為亞歷山大大帝的出現而為東方帶來影響。這位偉大的君王發跡於馬其頓王國，他的東征將希臘的勢力拓展至遙遠的印度，建立了東西長達三千公里的超級大帝國。因此，這個以希臘為中心，邊境遠及埃及、波斯的帝國，在當時就等於是全世界。

不過，亞歷山大大帝英年早逝，三十二歲時即離開人世。由於繼承者戰爭階段（The Diadochoi，西元前 323～西元前 280 年）的爭奪，他所留下的帝國四分五裂。但希臘文化本身並未受到影響而持續在他的帝國中扎根，並融入當地的文化，發展成為現在所謂的希臘化文化且大放異彩。而本書所提的「世界七大奇景」，就是在希臘化文化全盛時期所創造出來的，一切都還留在亞歷山大大帝的領土上，也就是仍保存在希臘化文化圈中。

「世界七大奇景」與「日本三景」
具有相同意義

那麼，「世界七大奇景」究竟是指什麼？

「世界七大奇景」一詞，大家都認為是來自西元前二世紀拜占庭（Byzantine，現在的伊斯坦堡）的數學家費隆（Philon，西元前280~220年）的同名著作。現在，最常被人提及的世界七大奇景有：

■ 吉薩的金字塔群
■ 羅得斯島的巨像
■ 奧林匹亞的宙斯神像
■ 艾菲索斯的阿提密斯神殿
■ 哈利卡那索斯的毛索洛斯墓廟
■ 巴比倫的空中花園
■ 亞歷山卓港的法洛斯燈塔

可是，西元前五世紀希臘歷史學家希羅多德（Herodotus，西元前484~430年）在其著作中已提到所謂的「世界七大奇景」，當然在費隆的七大奇景中，由於當時亞歷山卓港大燈塔還沒建造，所以沒被列入，取而代之的是巴比倫的城牆。此外，現在一般人熟悉的七大奇景則是中世紀時確定的，由此可知「七大奇景」在當時已經是很普通的詞彙。

從現代觀點來看，「世界七大奇景」給人一種「超古代文明的驚奇發現」的感覺，但這是非常不正確的想法。如果以更淺顯易懂的話來說，應該可以改為「一看見就令人驚歎不已的七大建築物」。

換句話說，把「世界七大奇景」想成是「日本三景」就行了。其實，費隆或希羅多德的著作都是十分符合「遊記」意味的作品。當時的世界也和現在一樣，將旅遊視為一種娛樂。只不過古代的旅遊，不像現代如此安全舒適。基本上，當時的旅遊都要靠馬車或徒步，如果要走遍希臘化文化圈要花好幾年的時間，當然旅途中也伴隨著危險。

因此，費隆或希羅多德的遊記，我們可視為是有如現代電視般的存在。一聽到某人提及「世界七大奇景」，就可以憑遊記中的描述勾勒出那壯麗的景觀、人類智慧的成果。大部分的人都無緣親眼目睹，只能憑傳說或想像來體驗這些奇景。所以，能造訪其中之一景的人非常幸運。而描繪這些奇景的畫家或作家也不例外，他們也經常是靠傳聞或著作來描繪奇景的模樣。

除了現存的吉薩金字塔群之外，流傳至今的「七大奇景」真實風貌，眾說紛紜。本書根據其中較具真實性的資料製作而成，說不定還是有謬誤之處。不過，像這樣憑想像創造的行為，和古希臘人也沒什麼不同。

雅典的衛城

古 希 臘 的 中 心

希臘遺跡的中心所在

雅典衛城就聳立於希臘首都雅典市中心的一角。

古希臘首都將城市建造在山丘上，兼具要塞與聖域的功能。這些城市原本都稱為衛城，
但現在一提到衛城，通常是指雅典的衛城。

而聳立於衛城中的帕德嫩神殿，更可說是希臘式神殿的代名詞，相信沒人對此一說法有
異議。造訪雅典的觀光客幾乎每個人都會登上建有衛城的這個山丘，在雅典市區觀光時
也經常可以仰望到山丘上衛城的壯觀模樣。

在古希臘各城邦紛亂不斷的時期，雅典衛城是希臘文明的政治與文化中心。

也就是說，造訪雅典衛城就如同在體驗古希臘文化的精髓。爬上山丘的確有點辛苦，但
登頂之後的價值就在於能瞻仰偉大的衛城。

衛城全圖

艾瑞克提恩神殿

雅典娜·普羅瑪科斯像

雅典娜古神殿

山門

雅典娜·尼基神殿

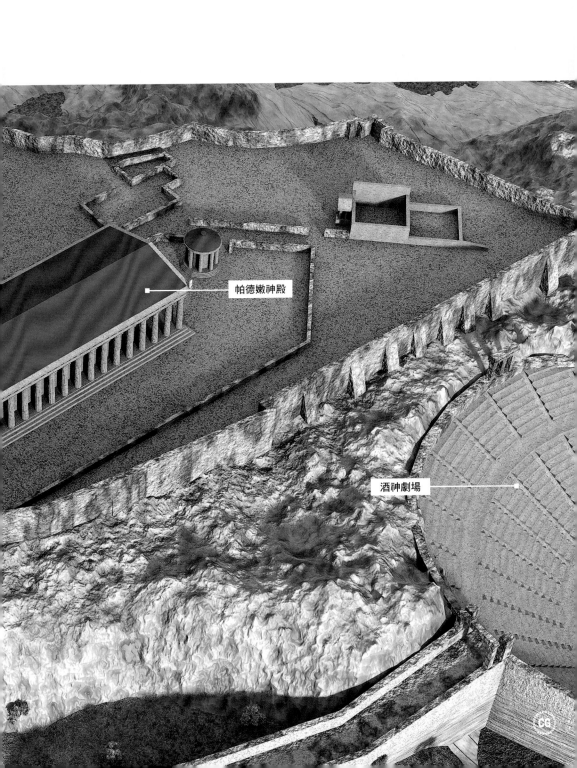

帕德嫩神殿

酒神劇場

CG

雅典娜女神的守護之地
—— 雅典娜與衛城

Acropolis Museum 衛城博物館

　　這座建於衛城山丘東邊地底下的博物館，展示著從古樸時期（Archaic period，約西元前 800~500 年）到古典時期（Classical period，約西元前 500~429 年）在衛城周邊所發現的各種文物。

Old Temple of Athena 雅典娜古神殿

　　西元前六世紀建造的衛城中最古老的神殿。現在其建築外觀已殘破不堪，只留下長的一邊十二根與短的一邊六根的圓柱，以及雅典娜女神與宿敵泰坦族戰鬥的雕刻。

Herod Atticus Odeon
海洛德・阿提科斯音樂堂

　　擔任羅馬執政官的海洛德・阿提科斯死後，他的妻子捐贈的大理石劇場。這座音樂劇場挑高的天井是用珍貴的黎巴嫩杉木所建造。

Stoa of Eumenes
埃烏美涅斯柱廊

　　從海洛德・阿提科斯音樂堂往東邊酒神劇場延伸的壯觀柱廊。長約 150 公尺，西元前二世紀左右建造的。

Asklepeion 阿斯克雷波斯聖域

　　為了抑制雅典的疫情等，祭祀醫藥之神阿斯克雷波斯的場所。其中設有祭壇的神殿與挖空岩盤當聖水用的水井。

Dionysus Theatre 酒神劇場

　　也稱為戴奧尼索斯劇場，利用代表酒與戲劇之神戴奧尼索斯聖域的南斜坡，於西元前六世紀左右興建完成的希臘最古老劇場。可以容納一萬七千人。

　　西元前五世紀的歷史學家托克迪雅斯讚譽雅典為「希臘中的希臘」，一直是希臘的中心所在。任何人一聽到雅典就會聯想起其市中心山丘上的遺跡，即建有帕德嫩神殿的「衛城」（Acropolis，頂端城市之意）。

　　這座山丘海拔高 156 公尺，山頂有一東西長 270 公尺、南北寬 160 公尺的平台，四周環繞著 70 公尺高的石灰岩，平台雖不寬廣卻承載著雅典最重要的神聖古蹟，希臘人信仰與值得驕傲的象徵。

　　包括衛城在內的雅典，古名之所以稱為「雅典娜」，是因為其守護神為驍勇善戰又兼具智慧的女神雅典娜。

　　相傳奧林帕斯（Olympus）十二眾神中的海神波塞頓（Poseidon）與雅典娜，為了爭做當時還未命名的雅典娜一地的守護神而爭鬥。因此，生活在當地的居民要求兩人，誰能創造出對他們有益的事物，誰就是勝利者。於是，波塞頓從泉水中變出馬匹，但聰明的雅典娜變出橄欖樹。居民皆認為橄欖樹對他們的生活較有益，所以雅典娜成為此地的守護神。

　　據說，至今當地仍可看到當時波塞頓以三叉戟在山壁上戳出的痕跡。歷史也記載，有史以來這座山丘就是神聖的場所。西元前二千年左右，受到盛極一時克里特文明的影響，希臘人開始在希臘各地興建城邦，並以西部邁錫尼（Mycenae）為中心，構築出新的文明勢力。

　　從此以後，所謂的「古希臘文明」正式展開，但雅典之名正式出現在歷史上則是千年以後的事。不過，自古以來雅典就因地利之變，臨近海洋貿易據點的港都，所以人們在這可控管整個區域的首都設置衛城。從山丘上找到的新石器時代聚落，以及周邊高 3.5 公尺到 6 公尺的邁錫尼時期獨特的城牆遺跡，加上其他文物可以證明這點。

　　當地發掘出土的青銅器等文物，以及青銅或大理石製的雕像都足以證明，衛城早在西元前八世紀左右就已經是神聖之地。而從記載著當時為勝利女神雅典娜・尼基（Athena Nike）建造祭壇的碑文中也可以研判此事。

　　西元前六世紀中期，希臘人開始在帕德嫩神殿四周大興土木，並在北側建造供奉雅典娜女神的神廟。

　　對雅典的居民而言，衛城是無可取代的神聖之地。西元前 630 年，爆發鄰國獨裁者義子占領衛城的事件即可證明這點。此一事件粉碎了雅典居民的夢想，因為他們一直守護著的衛城的「聖地」之名受到玷污。

山門

　　從雅典市區爬上山丘的階梯，眼前就會出現莊嚴的衛城山門，其原文有「通往聖域的入口」的意思。山門分為北、中央、南三個部分，正面厚重的多利克式圓柱（Doric Order），與裝飾在兩側優雅的愛奧尼亞式圓柱所創造出來的對比感，計算得非常精巧。

山門的左右並不對稱，而門對面的右邊就是雅典娜‧尼基神殿。

西元前 408 年完成的艾瑞克提恩神廟。六根女像柱完全是模擬繪製的，真正的實物目前收藏在衛城博物館等。

艾瑞克提恩神殿

　　據說，原本帕德嫩神殿的北邊是埋葬古希臘國王們的
墓所，所以是非常神聖的地方。建在這裡的艾瑞克提恩神
殿，是希臘少見的祭拜眾多神明的神殿，其南側露台的六
根女像柱（Caryatids）以及愛奧尼亞柱（Ionic Order），
非常美麗。神殿名稱來自雅典傳說中的國王艾瑞克提迪斯
（Erichthonios），也有人稱為「雅典王神殿」。

雅典娜‧尼基神殿

　　西元前 424 年，為了祈求對波斯戰爭勝利所建造的這座神殿（也稱為無翼勝利女神殿）。據説，這座神殿和帕德嫩神殿都是卡利克拉提斯（Callicrates）設計的。他使用愛奧尼亞式圓柱，創造出細緻又優雅的形式。雅典娜‧尼基是背上長有翅膀的女神，但經常祈禱勝利的雅典市民，希望她不要飛去別的地方，所以供奉在神殿裡的勝利女神像都是沒翅膀的。

位於山門西南邊的雅典娜‧尼基神殿，據説完成於西元前 424 年。

帕德嫩神殿的主殿內安放著一尊
雅典娜・帕德嫩像。這座雅典的
守護神像高達 11 公尺，相當巨
大。據說是古希臘雕刻大師菲迪
亞斯（Pheidias）的作品。
這座雕像的服裝部分是黃金製
的，肌膚部分則是象牙雕成的。
據說雕像的製作費還超過帕德嫩
神殿的建設費。順道一提，雕像
身上的黃金衣飾好像可以一塊塊
拆下來，轉換成為軍需資金。

仔細觀看上圖與下圖，可以清楚了解什麼是
「圓柱收分線」的建築技巧。

帕德嫩神殿

　　看到帕德嫩神殿之後，幾乎很少人會不認同它是古希臘的代表建築。它那優雅莊嚴的模樣，
一直扮演著將世人引領至古代時空的角色。

　　西元前五世紀，當時二度遭到波斯凌厲攻擊威脅的雅典，趁此機會與鄰近的城邦締結「提洛
斯（Delos）同盟」，財政因此得以活絡，使得長年停擺的神殿建設也可以完成。帕德嫩神殿的
基座長 69.53 公尺、寬 30.88 公尺，支撐著神殿的圓柱高達 10.43 公尺。據推測，為了興建這座
神殿，從城外的白特利肯（Pentelikon）山開鑿出的大理石總重量就約有三萬噸。

　　這座集合了希臘建築精華的神殿，最大的魅力就在於華麗的外貌，那可是經過精密計算產生
的視覺效果。其實，神殿圓柱的間隔並不均等，明顯地向內側傾斜。此外，其基座線只有中央部
分隆起，因而呈現出柔和的線條。由於這種稱為「圓柱收分線」（entasis）的建築技巧，人們從
遠處觀看帕德嫩神殿時，會有種非常均整、安定的感覺。還有神殿裝飾著高水準的雕刻，難怪會
吸引無數人們前來觀賞。

希臘首都「雅典」的歷史

帕德嫩神殿、雅典的遺跡群，可說是古代遺跡的代表。一提起希臘遺跡，大家都對它們有著古文明代表選手般的印象。可是，如果重新解讀希臘歷史，可以發現相較於其他的古文明，古希臘文明是列入比較新的類別。

當然這是因為歷史研究有所進展獲得的好處，但與其他的古文化圈相比較，也可以理解它的歷史年表未免填補得太細了。不過，對於今後要鑽研希臘及雅典歷史的人來說，這也可以說是令人卻步的資料。特別是現在同樣稱為「希臘」的這個國家，在古代是勢力橫跨西邊的伯羅奔尼撒半島（Peloponnesos）、東邊的亞提加半島（Attica），向北到達馬其頓、特拉其亞（Trakya）地區，以及土耳其地中海沿岸的大國。在反覆爭奪這些小國政權的歷史中，希臘的年表也因此必須劃分得更細。

在涵蓋義大利、希臘、土耳其、埃及等地的「地中海文明」當中，埃及和土耳其以及位於希臘南方的克里特島，自古以來即自成一文化圈。不過，連接地中海、亞得里亞海、愛琴海要衝的伯羅奔尼撒半島與亞提加半島，則由於錯綜複雜的地形形成許多天然的海港，所以對於早一步統一成為國家並急於發展貿易的地

中海各國而言，都是非常重要的港口。

擁有海港的雅典（古代名為雅典娜），是西元前二千年左右人們定居亞提加半島各地時成立的幾個小國之一。這個受到克里特文明的影響、歷經西伯羅奔尼撒半島上邁錫尼文化的繁榮與滅亡黑暗時期的考驗而仍存續下來的城邦，曾從王權國家邁向初步的民主制度，並一度朝僭主（譯註：獨裁者，也指非法奪取政權者）政治的道路走。

民主制度的確立與猶如「雅典帝國」的黃金時代

西元前 508 年，雅典根據克里斯蒂尼（Cleisthenes）評議會，以及從「百部族」選出官吏，以排除地區性不平衡等方式，孕育出日後與民主政治制度相關的基礎。此外，雅典因擁有近郊的勞里厄姆（Laurium）銀礦，可大量開採出希臘大部分地方都沒有的銀，而成為少數富裕的城市。西元前五世紀，雅典二度遭到波斯的攻擊而受創嚴重，但後來反敗為勝，這時希臘境內各城邦所締結的「提洛斯同盟」指揮權交到雅典手上。同時，同盟的金庫

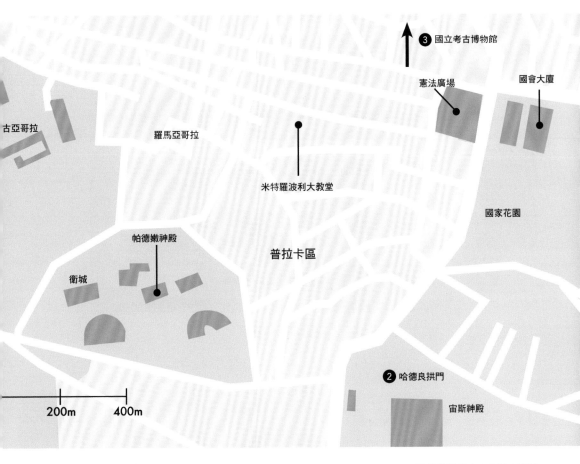

國立考古博物館 ❸

憲法廣場

國會大廈

古亞哥拉

羅馬亞哥拉

米特羅波利大教堂

國家花園

帕德嫩神殿

衛城

普拉卡區

200m　　400m

哈德良拱門 ❷

宙斯神殿

現代的雅典市中心與古遺跡

也遷往雅典衛城。雅典從同盟各國收到豐厚的資金，於是開始大興土木進行建設。宏偉的帕德嫩神殿就是在此時開始建造。此外，在獨裁者貝里克里斯（Pericles）的引領下，雅典的民主政治迎向完成時期。不過，這是成年男性的民主制度，女性還沒有參加政治的權利，而且當時還存在著許多奴隸。

但數十年後，由於與西部的斯巴達發生「伯羅奔尼撒戰爭」，雅典受到斯巴達的統治。不過，雅典和其他城邦最大的不同就在於，對各種不同的意外衝擊經常秉持著反骨的精神。

對後世造成影響的雅典精神文化

西元前三世紀，雅典與曾經為敵的波斯聯手組織「反斯巴達同盟」，再次奪回獨立政權。相反地，鄰近的強勢國家由於害怕雅典帝國化而開始叛亂，使得希臘城邦失去了安定。這時候，在希臘北方勢力越來越強大的馬其頓王國，趁此機會進攻希臘。在菲立普二世（Philippos II，西元前382~336年）的領軍下，雅典戰敗，被納入馬其頓的版圖。直到亞歷山大大帝（西元前356~323年，菲立普二世的繼承者）去世之後，雅典再次團結希臘諸國起兵推翻馬其頓王國，但這也是雅典與古希臘最後一次的獨立。

不過，雅典即使處於如此糾葛的政治鬥爭中，依然充滿著活力，並孕育出蘇格拉底（西元前470~399年）、柏拉圖（西元前427~347年）等現代人也熟悉的偉大哲學家，以及具代表性的科學家亞里斯多德（西元前384~322年）。此外，雅典的宗教觀與文化，對後來掌握馬其頓實權的羅馬帝國造成很大影響。

西元二世紀，羅馬皇帝哈德良（Hadrian，西元76~138年）將尚未蓋好的宙斯神殿建造完工。此後，還持續進行一連串的建設活動。也就是說，如果換個觀點，雅典雖然在政治上無奈地數次受挫，但在精神文化層面卻經常扮演著北地中海領導者的角色。

即使如此，雅典還是因為羅馬帝國的衰敗與基督教的興起，終於結束了這樣的角色。在往後的歷史中，雅典逐漸式微變成毫不起眼的小城，但十九世紀由於希臘的獨立，雅典在作為復興古希臘的象徵中，於1834年獲選為希臘的首都而再次展現榮光。

此後，雅典的人口急遽增加，現在已成為340萬人口的大城市。

完全復原的阿塔羅斯（Attalos）柱廊，現在變成博物館。

🏛 現代雅典中的古希臘 ❶

古亞哥拉

　　「Agora」一詞在現代是「市集」的意思，在古代有更廣泛的「廣場」之意。位於衛城西北部的古亞哥拉，於西元前六世紀左右開始成形，不可欠缺的泉水與廣場、神明的祭壇、評議會場、神殿等陸續完成。在現在的遺址上，雖然已看不出當年的繁華情景，但當時的雅典市民們除了到此購物外，還在此談論政治、交換情報、鑑賞藝術及聽人演說，所以市集可說是雅典人的政治、宗教、文化生活中心。

位於亞哥拉旁、於羅馬時代興建的風塔。

從海法斯提歐神殿（Temple of Hephaistos）見到的古亞哥拉全景。

建於科隆諾斯·亞哥拉歐斯（Kolonos Agoraios）山丘上的海法斯提歐神殿。

現在通行於古亞哥拉的地下鐵。

哈德良拱門，位於衛城的東邊，穿越此門就可以到達。

 現代雅典中的古希臘 ❷

哈德良拱門・宙斯神殿

　　這是緊鄰衛城東側、由羅馬皇帝哈德良所完成的建築物。宙斯神殿從西元前六世紀後半開始建造，但其間曾中斷過，直到落成為止的建築時間長達 700 年以上。以拱門為界，面向衛城的一側是「提修斯（Theseus）的舊雅典」，而另一面上刻有「這裡是哈德良的城市，而不是提修斯的。」（This is the city of Hadrian and not of Theseus.）

考古博物館的外觀。

相傳是古樸時期（西元前 479~323 年）的克羅斯青年像。依年代別，館內還收藏著許多展示品。

現代雅典中的古希臘 ❸

國立考古博物館

　　國立考古博物館位於衛城北邊約二公里處。在這棟有愛奧尼亞式柱的莊嚴建築中，收藏、展示、保管著許多來自希臘各地遺跡的出土文物。你可以在博物館內看到史前時代到古希臘時期的史跡，包括在教科書上看過的黃金面具或波塞頓像等，館藏非常豐富。

據説是從邁錫尼出土的阿伽門農（Agamemnon）黃金面具。

奧林匹亞的宙斯像

如 寶 石 般 美 麗 精 緻 的 13 公 尺 高 巨 像

古希臘雕刻家之一菲迪亞斯的最高傑作

大多數人都希望能在一生中親臨古代奧運的發祥——奧林匹亞。每四年一次，來自世界各地的人都會齊聚此地。對於造訪的人們而言，在五天的慶典期間趁著比賽空檔參觀奧林匹亞的神殿或觀賞無數藝術品是一大樂事。其中，那尊巨大、壯觀、精緻的至高之神宙斯像，最令人讚歎。

這尊巨像就存放在位於奧林匹亞中心的宙斯神殿裡。它的高度約 13 公尺，從現代的觀點來看，相當四層樓建築的高度。古希臘歷史學家斯特拉波（Strabon，西元前 64~23 年）曾誇張地描寫：「如果宙斯站起來，頭頂大概會撞破神殿的屋頂吧！」由於雕像霸占著神殿三分之一的空間，給人威風凜凜的感覺，甚至有人表示：「沒能觀賞到這件作品的人是不幸的。」

完成這件作品的是創作出雅典娜處女像等無數雕像的當代雕刻家菲迪亞斯（Pheidias，

西元前 480~430 年）。雖然他曾因遭人中傷而以收賄罪入獄，但許多欣賞他的雕刻技術、訂製宙斯像的奧林匹亞人，想辦法籌集了巨額的保證金，將他保釋出獄。為了回應眾人的善心，菲迪亞斯花了八年的歲月，以 Chryselephantine 技法（使用黃金與象牙的技法），完美地雕塑出宙斯像。

菲迪亞斯在以木頭組成的骨架上，使用了超過現今價值高達十億日圓的黃金來裝飾宙斯的衣著、皇冠、頭上的緞飾等。此外，更使用超過一噸重的象牙來做成宙斯的身體與頭部，以及站立在宙斯手上的雅典娜‧尼基神像。雕塑像上到處可見施以黑檀或水晶、寶石等的華麗裝飾。菲迪亞斯細膩的觀察力，加上豪華的素材，為這尊巨像注入了驚奇的生命力。

為了凸顯雕像計算出驚奇的照明效果

此外，神殿內的照明效果，也使宙斯巨像展現出不可思議的懾人威力。原本希臘神殿的

以 CG 重現的宙斯神殿

安置宙斯像的宙斯神殿雖以多利安柱式建築為傲，但六世紀時因為地震毀壞，而埋沒於河川泥土之中。現在可看到
挖掘出來的神殿基礎部分與圓柱，從毀壞的圓柱得知是由甜甜圈狀的圓圈堆疊而成。

現在的宙斯神殿

現在的菲迪亞斯工作室

現在已沒有宙斯像的製作和整合，與研究宙斯神殿及尺寸和採光方面的工作遺跡了，而成為其後所建之教會遺跡。
然而隨著出土的雕刻工具及標註名字的盃，所以現在此地也認為是菲迪亞斯的工作室。

採光設計都來自門扉，所以牆上不加裝窗戶。按照一般情況，這尊頭頂快頂到天井、身軀占滿神殿內部的宙斯雕像，很難避免陰影的產生。

因此，菲迪亞斯非常細心地建造了一間與神殿內部面積相同、方位也一樣的工作室，用來徹底研究陽光投射的位置與角度。據此，他推敲出在雕像前以暗青色大理石建造一座長方形水池，以及注入混有橄欖油、可增加水面張力的池水。

經由池水的反射，從神殿入口投射進來的陽光將宙斯雕像的臉、肩膀及華麗的服飾照耀得更加閃閃發亮。據說，不知其中緣由的人會以為是雕像本身所綻放出的光芒。此外，浮在池面上的橄欖油，也具有使雕像上的象牙避免過度潮濕或乾燥的效果。

眾所期待的宙斯像就這樣在西元 433 年左右完成。據說，當時身心俱疲的菲迪亞斯曾站在巨像前向宙斯探詢是否滿意此一成果，結果突然雷聲大作，神殿的大理石地板上裂出一條裂痕。覺得宙斯的回答是肯定的菲迪亞斯，終於鬆了一口氣，卸下肩頭重擔。

古希臘哲學家克里索斯托（Chrysostom）也曾在這尊令人震懾的巨像前感慨地說：「不論是肩負重擔或是嘗盡人生不幸與悲哀的人，只要能眺望此像就能從痛苦的沉痾中獲得解放吧！」

然而，由於拜占庭帝國的宦官拉烏斯，此一傑作於西元 394 年被搬遷至君士坦丁堡（現稱伊斯坦堡）宮殿，而西元 475 年的一場大火將之燒毀。

正因為如此，隨著奧林匹亞的文物陸續被發現，我們才能如此忠實地呈現出宙斯像的真實樣貌吧！

古奧林匹亞遺址

偉大的奧林匹克發祥地，神聖的宙斯領域

現在，每四年一次全球矚目的奧運，最早就是在古希臘的奧林匹亞舉行。應該有不少人知道創建奧運的目的就在於重現奧林匹亞的盛況。

不過，說不定沒那麼多人清楚這個在現代被稱為奧運的活動，當初並不是單純的運動比賽，而是一種宗教祭祀活動。

古奧林匹克運動會的舉辦地奧林匹亞，位於伯羅奔尼撒半島的西邊，距離雅典有三百公里以上。現在，就算搭巴士到奧林匹亞也要五個小時左右，當地人口約一千人。奧林匹亞的四周非常僻靜，沒有大型繁華商業區，幾乎和古時候沒有兩樣，所以從負責包辦古奧運慶典的艾利斯市（Elis）開始，將近 62 公里的地方沒人居住。

那麼奧林匹亞原本是什麼樣的一個地方呢？它是希臘眾神之神宙斯掌管的聖地。宙斯是雷電之神，所以希臘祭祀宙斯的神殿多半都蓋在遠離人煙的地方。然而，人們為了要向宙斯等諸神表達敬意，還是選在這聖域中舉行祭典並進行運動競技活動。

西元前十世紀左右，希臘人開始在奧林匹亞舉行宙斯的祭典，並視為當地的一大盛事來進行。最早有奧林匹亞祭典的文字記載是在西元前 776 年。之後，隨著每年的擴大舉行，此一祭典逐漸成為吸引希臘各地選手與觀光客前來聚集的活動。

在古希臘，當成是宗教祭典的運動競技大會在各地舉行。大家都知道古希臘有四大祭典，除了奧林匹亞祭典外，還有皮底亞祭典（Pythian Games）、伊斯特米亞祭典（Isthmian Games）、內梅亞祭典（Nmean Games）等。其中，以奧林匹亞祭典及在神諭之地德爾菲舉行的皮底亞祭典規模最大。奧林匹亞祭典每四年舉行一次，其他祭典則每兩年舉辦一次。奧林匹亞祭典是四大祭典中歷史最悠久且規格最高的祭典。

古奧運祭典歷經古希臘、古希臘化（Hellenism）時期、羅馬時代的變遷，直到西元四世紀為止的一千二百年間毫無間斷地每四年舉辦一次。後來，由於基督教勢力的擴大，使得原本也是宗教儀式的古奧運祭典，不知從何時開始停辦。

奧林匹亞聖域也因此無聲無息地埋藏於塵土中，變得難以分辨出其場所。十八世紀後半，英國人錢德勒（Chandler）首先發現了奧林匹亞，但直到十九世紀後半，才由德國人克提斯（Curtius）開始挖掘。

進行挖掘時，羅馬時代的旅行家帕沙尼亞斯（Pausanias，西元 143~176 年）所寫的《希臘遊記》成為重要的參考資料。隨著挖掘的不斷進展，帕沙尼亞斯的紀錄一再被證明是正確無誤的。

因此，現在我們才可以在奧林匹亞看到帕沙尼亞斯筆下的奧林匹亞聖域，以及聖域中的宙斯神殿、古希臘選手曾奔跑過的競技場等遺址。

近代的奧運會聖火重新在奧林匹亞點燃。雖然古代沒有點聖火的習慣，但在此點燃的聖火可以引領我們回到那古代祭典的氛圍中。

現在的奧林匹亞

　　奧林匹亞遺跡前的城鎮街景。這個位於鐵道支線終點的小城鎮，人口只有一千人左右，鎮上有幾間供給觀光客住宿的旅館，小而整潔的街景給人很舒適的感覺。

　　此外，奧林匹亞考古博物館就位於遺跡旁，其中展示著帕沙尼亞斯著作中提到的，相傳是普拉克西特列斯（Praxiteles）所雕刻的赫米斯（Hermes）像。

尼基像（基座）

　　宙斯神殿四周聳立著古希臘各城邦捐贈的神像。其中，特別高聳的三角形基座，據說是雕刻家派歐尼奧斯（Paionios）製作的尼基神像基座。這是西元前五世紀前半，與雅典人聯手對抗斯巴達的美西里亞人（Messenia），為了紀念與斯巴達和談的獻祭品。此外，基座上的尼基（勝利女神）像，現在展示在奧林匹亞考古博物館中。

宙斯神殿

　　聳立於奧林匹亞聖域中央的宙斯神殿。這是伯羅奔尼撒半島上最大的神殿，據說，建於西元前 456 年，是負責包辦奧林匹亞祭典的艾利斯城，滅掉對手比薩時的戰利品。宙斯神殿長 64 公尺、高 27.6 公尺，長的一邊有十三根圓柱、短的一邊有六根圓柱，神殿內原有一尊希臘雕刻家菲迪亞斯的傑作「宙斯像」。但現在僅留下 3 公尺高的祭壇和一部分圓柱。

體育場

用來練習跑步等的體育場，四周環繞著列柱廊。選手的宿舍也在這附近

家庭紀念館

亞歷山大大帝的父親、馬其頓國王菲力普二世建造的建築物。據說，是為了炫耀其權勢而建的

市政廳或迎賓館

摔角場

菲迪亞斯工作室

奧林匹亞的構成與配置

　　根據帕沙尼亞斯的記載與十九世紀以來的調查，可以解讀許多有關奧林匹亞聖域的事。不過，此一立體圖像是重現羅馬時代的情景，所以連競技場的位置都與希臘時代略有不同。

母親神殿
祭祀諸神母親的多利克柱式小神殿。在這神殿附近，赫拉神殿旁另有一座祭祀半神半妖怪的佩羅普斯（Pelops）的紀念堂。

克諾斯山

宙斯大祭壇
奧林匹亞祭典第三天進行獻祭儀式的祭壇。據說，此祭壇高達7公尺，是用活祭的動物大腿燒成的灰與河水混合後的糊狀物塗抹而成。

競技場

藏寶庫

赫拉神殿

回聲列柱廊

紀念堂

尼基像（基座）

宙斯神殿

李奧尼達之屋
西元前四世紀後半，由納克斯（Naxos）人李奧尼達（Leonidias）建造的迎賓館。競技比賽時招待來賓的地方，羅馬時代則是由官員入住。

議事會廳
擔任評委者的待命處，後來變成奧林匹克大會的總部，也是保管公文文書的地方。

CG

摔角場

　　摔角場通常是指小型的體育場，但建於西元前三世紀的這個摔角場，則是博擊、拳擊等格鬥技的競技場。中央為露天式的運動場，四周環繞著多利克式柱廊。

競技場

　　可以容納四萬人觀看陸上競技的主要賽場。雖然經過五次的修建，但現在可以見到的是第三次修建的成果。最早的競技場在聖域的更裡面。競技場跑一圈的長度是 1 斯泰頓（stadion，約 192.27 公尺），據說相當於大力士赫克力士（Heracles）足部尺寸的六百倍。

藏寶庫

　　每回的奧林匹亞祭典都會收到來自各城邦的供奉品，這些是祭典舉行時的重要資金來源。藏寶庫就是在收藏這些供奉品，全部有十一間，但目前只知道其中五間的持有者是哪個城邦。

赫拉神殿

　　希臘最古老的多利克式神殿之一。圓柱最初是木造的，由於經常腐朽而換成石製的，所以各圓柱之間的排列有點散亂。這裡因是近代奧運點燃聖火之地而被大家熟知。

奧林匹亞與古奧運

希臘人最期盼的運動盛事令人驚訝的內幕

　　每四年一次，來自世界各地的運動員齊聚一堂競技，看誰是世界最棒的運動競技者。現代的奧運會更是全世界人們都知道的一大盛事。

　　十九世紀末，由於法國顧柏丁（Baron Pierre de Coubertin，1863~1937 年）男爵的提倡，以復興希臘的古奧運競技為目的，第一屆近代奧運大會於 1896 年成功地在雅典舉行。

現在競技場的入口處。據説，在古代這條通路上面覆蓋著圓頂。不知當時在此聽到四萬名觀眾的歡呼聲，是多麼如雷貫耳啊！

現代奧運也遵循古奧運的「奧運期間所有戰爭休兵停戰」，以及「為優勝者加冕橄欖樹枝做成的桂冠」的精神，以「和平祭典」為前提，建立「參加就有意義」的價值。不過，由於杯葛或恐怖活動等，奧運經常受到政治的操弄也是不爭的事實。此外，也有人批評奧運太過於商業化。

雖然一直以來都有「古奧運精神在哪裡」的批評聲浪，但奧運其實一直沒有太大的改變。以下就來介紹古奧運競技比賽！

根據停戰使者的到達，在奧運期間休戰

其實奧運的起源已不可考，有許多相關的

傳説，最常聽到的説法是：「為了紀念宙斯在
奧林匹亞戰勝父神克洛諾斯，成為眾神之王所
舉行的祭典」、「為了慶祝佩普羅斯在奧林匹
亞與附近的比薩王奧伊諾馬斯（Oenomaus）
進行戰車競技獲勝所舉行的祭典」。不管哪種
説法，都能得知很早以前就有古奧運會，但正
式有歷史記載是在西元前 776 年。奧運最初只
有短跑競技，優勝者是艾利斯出身的廚師柯洛
伊波斯（Koroibos）。不過，這説法的可信度
令人存疑。

　　奧林匹克運動會每四年一次在第一次小麥
收割快結束的農閒期、夏至後的第二或第三個
滿月日、八月下旬舉行。最初只有一天，後來
隨著運動競技天數的增加，最後決定連續舉行
五天。負責包辦奧林匹克運動會的是距離奧林
匹亞約 60 公里遠的艾利斯居民。

　　舉行奧林匹克運動會的那一年，負責宣告
停戰的三名使者（調停人）會巡迴希臘各城邦
告知祭典的開始與停戰期間。

　　停戰期間剛開始只有一個月，最後竟然超
過三個月。這是來自西班牙、義大利等希臘城
邦的參賽者從出發到返鄉所需的時間。停戰
的目的並非「為了和平」，而是基於選手的
安全等現實考量。由於停戰期間是在調停人
抵達、宣告之後才生效，所以也有人濫用傳
達時間的空檔。

古希臘式搏擊的練習情況。選手禁止以手攻擊對方的眼睛，如有違反就毫不留情地被處以鞭刑。

CG

所有的競技全裸進行

　　實際上，奧林匹克運動會必須從一年前就開始準備，而來自希臘各城邦的優秀參賽者，一個月前就要到艾利斯進行集訓，有的甚至在比賽的十個月前就要開始練習。

　　此外，由於奧林匹克運動會最初是祭祀宙斯的祭典，所以參賽選手都是希臘男性，且參賽的費用不像現在是由國家出錢，而是選手自費參加。因此，參加奧林匹克運動會的選手幾乎都是富裕階層，或是受有錢人贊助者。

　　令人震驚的是，當時的參賽者據說都是全裸進行競技，但不清楚理由為何。

　　希臘人愛好鍛鍊身體，追求外在之美。各城邦均設有體育場，鍛鍊身體有如家常便飯般方便。希臘人認為赴戰場打仗是身為希臘人的義務與榮耀，所以勤於鍛鍊體格是很自然的行動，而優美的體態也可以看出一個人的身價。說個題外話，年長的希臘男性普遍會教導青少年，除了美以外，也包括同性之愛。所以，不可否認的是，這樣的社會風氣，與裸體競技有密切關聯。何況希臘人對自己經常運動、經過鍛鍊的身體，相當有自信。不過，當時非希臘人的人們，都將奧林匹克競技必須全裸上陣當成是希臘特異的風俗文化來看，希臘人也很清楚這點。

　　此外，對於選手們而言，教練也很重要。教練大部分都是四十歲以上的前奧運選手，如

起跑點的石墊。據說，當時的選手們就蹲著腳站在這石墊上。史上有留下跑者在起跑時，彈簧式的閘門會打開的紀錄，但並不清楚這道門是屬於往上彈開還是下降式的閘門。

果他們所培育的選手獲勝，他們的名字也會被刻在紀念碑上，享有與選手同等的榮耀。

　　教練會教導選手所有事情，但教練的水準良莠不齊。例如，有教練讓前一天徹夜狂歡的選手在隔天就進行重量訓練（結果選手在比賽中死亡），也有教練在比賽期間將毫無鬥志而失敗的選手刺死。另一則經典的故事，是關於在西元 404 年奧運大會中獲得古希臘式搏擊（Pankration）競技冠軍的普羅馬爾克。他的教練知道他愛上某少女，竟對他撒謊說「如果在比賽中獲勝，少女就會答應他的求婚」。

　　此外，訓練的內容也變得五花八門，在費羅斯脫拉斯（Flavius Philostratus）所撰寫的《體育論》（Gymnasticus）中，除了詳細記載體育技能的訓練外，還提到許多相關飲食醫學的知識，如何辨視優良選手及其訓練方法，甚至禁慾等詳細記錄了培訓選手的方法。

在慾望與快樂氛圍中開辦的奧林匹克運動會

　　隨教練抵達艾利斯的選手，必須在一個月內證明自己的實力。因為不具實力的選手，會被所謂的競技組織暨評審團（原為希臘的執法官之意）毫不留情地淘汰掉。這個評審團是以抽籤方式從艾利斯市民中選出適當人選來擔任，這些評審和選手一樣從十個月前就要接受相關的特訓。評審的評判具權威性，雖然選手可以提出異議，對於不當的評判也會課罰金，

但一經評判就不容推翻。

　　在奧運會開辦的兩天前，評審團與相關職務者、選手、教練及選手的家人都要從艾利斯前往奧林匹亞。此時，在奧林匹亞也開始進行會場的整理等準備。同時，觀眾們也陸續抵達。來自希臘各階層的觀眾，包括知識分子、城邦代表、富豪等齊聚一堂，據說人數高達四萬到四萬五千人。

　　奧林匹亞地區還設有取名為「Prytaneion」的迎賓館，但是可以入住的只有各城邦的使者或大會相關人員。其他，還有名為「李奧尼達之屋」的高級旅館，但大部分的人都是在奧林匹亞及附近搭帳蓬，就像現在的露營地一樣。其中，富豪的帳蓬都非常氣派，看起來像是豪華住宅。迎接遊客的小攤販也來湊熱鬧。想要出人頭地的詩人、音樂家、演說家、哲學家等也陸續出現，他們都希望能藉此機會展露自己的實力與才氣，一舉成名。

　　參觀民眾在白天觀看競技比賽，夜晚則沉醉酒鄉，熱鬧非凡。因此，在這聖域之城也出現妓女等奇怪行業。比賽期間是妓女們的賺錢佳機，有的妓女在五天當中所賺的錢等於一年的收入。

　　不過，觀看競技比賽並不舒適。雖然免費入場，但一定得站著看，而且八月的陽光猛烈，供水也無法滿足四、五萬人的需求，許多人都有脫水或中暑的症狀，也無法輕鬆地入浴。

此外，已婚女性被禁止觀看比賽。法律上甚至有「想要參加奧林匹克運動會的已婚女性應該被推下懸崖」的條文，但史上從沒出現相關記載，倒是留下一些女性假冒教練身分參加，穿著男裝卻意外暴露身分的珍貴記載。

五天的奧運期間有哪些賽程？

雖然不清楚五天的詳細賽程，但知道大概有以下的比賽項目：

○ 第一天・少年競技

幾天前即抵達熱鬧的艾利斯的選手們，在祭典第一天早上在議事會廳進行十個月的訓練成果展示，並向宙斯宣誓遵守競技的規則。同時，評審團也必須宣誓不得洩露在進行公正評判與資格審查時得知的選手個人資料，以及做出有辱競技大會的事。但當時並沒有傳遞聖火儀式或開幕式。傳遞聖火儀式是在 1963 年的近代奧運會上，由主辦的納粹德國所構思的。

第一天上午除了少年的競技之外，也舉行「傳報人（town crier）」與「喇叭演奏」的比賽。隔天才舉行競技優勝者的宣讀或是奏樂祝賀的儀式。

○ 第二天・受歡迎的戰車競技

第二天太陽一升起就開始戰車競技比賽。這項競技是奧運祭典最受矚目的項目之一，有六種比賽方式，但最受人歡迎的是四馬戰車的競速。賽馬場位於競技場的東南邊，現在已找不到任何遺跡。競速的馬車必須在標示著 360 公尺長的跑道上往返十二趟來決勝負。這項比賽有時會有四十輛以上戰車同台競爭，所以經常發生意外事故。精彩的衝撞場面往往引起觀眾的熱烈歡呼，但有時也因此有人傷亡。

這項競賽的特徵是勝利的榮冠並不屬於駕車者，而是馬主。因為，要獲得優秀的馬匹參賽就必須具備雄厚資金。所以，原本被禁止參賽的女性也有機會成為優勝者，其中最有名的，就是西元前 396 年與 392 年兩度蟬聯冠軍的斯巴達公主邱尼絲加（Cynisca）。

體育場上從一大早就開始進行五項競技，分別是：鐵餅、標槍、跳遠、賽跑，以及自由搏擊（Wrestling），但不清楚其進行的先後順序。五項競技都不採計分方式決勝負，而以淘汰方式看誰贏得最後的勝利。

有關跳遠的比賽方式說法不一，其中包括五段式跳遠等。選手們必須雙手各拿一個鉛錘前後擺動來保持平衡後再跳出。此外，也有配合豎琴演奏的音樂跳遠方式。鐵餅是擲出 2 公斤左右的圓形鐵餅的競技，標槍則是以右手指握住槍桿中心皮革繩，利用身體的扭轉

來投出。

據説，自由搏擊是繼跑步之後出現的競技項目。規則是先將對手的肩膀或背部觸地就獲得一根，以先取得三根者獲勝。雖然認可扭住腳關節或纏住身體使對方動彈不得的取勝方式，但禁止扭斷手指的方式。傍晚，五項競技結束時，選手要到埋葬戰車競技的第一位優勝者佩普羅斯的墳前，活祭黑山羊。

○ 最熱鬧的第三天

第三天是古奧運會最熱鬧的一天。艾利斯的官員、神官或預言者、評委團、打扮光鮮的一百頭牛與其牽引者，以及來自各國的使節、選手、教練、選手的家人等，從一大早就繞行奧林匹亞聖域一圈。然後，在宙斯大祭壇活祭一百頭牛，將牠們割喉、解體，牛的大腿部位燒掉獻給宙斯，其餘的部位則煮成晚宴的美食。

午後，在競技場進行徒步賽跑。選手們在長達一「斯泰頓」（stadion 為 stadium 的字源，相當於 192.27 公尺）的跑道上準備開跑。他們踮腳站在起跑器（starting block）的凹槽上，當彈簧式閘門一打開，就開始往前衝。據説，當時選手跑起來的姿式都是同手同腳擺動，和現在的跑姿不太一樣。而起步偷跑的人會被評審團用鞭子鞭打。

折返跑（diaulu）是往返一次一斯泰頓的跑道，而長跑（dolichus）則是往返跑十二次一斯泰頓的跑道，即約四千六百公尺的長跑比賽。

這樣的競技一結束，通常就是大型宴會。在迎賓館以美食款待佳賓，非受邀者也可以享用獻祭的肉品，大家一起分享祭典的歡樂氛圍。

○ 第四天的格鬥技與第五天的表彰儀式

第四天則進行格鬥和武裝賽跑項目。武裝賽跑是由配備重裝的步兵身穿盔甲、手戴護肘，並拿著盾進行二斯泰頓的賽跑，後來改成只拿圓盾。格鬥則包括自由搏擊、拳擊、古希臘式搏擊（Pankration）。

拳擊是在沒有圈圍繩子的場地比賽，所以會特別注意近身動作。選手有類似拳擊手套的配備，比賽規則是禁止抱住對方，但可互相攻擊直到對方沒戰鬥意志為止。古希臘式搏擊則是禁止互咬與以手插眼的格鬥競技，並進行到對手投降為止分出勝負。由於這兩項比賽都很激烈危險，經常會打死人，所以觀眾的反應熱烈。

最後一天是歌頌優勝者的日子。評審會將橄欖枝桂冠戴在優勝者的頭上，桂冠是以生長在宙斯神殿前的聖域的橄欖樹枝做成的，之後就舉行宴會。主辦單位會先招待優勝者與教練到迎賓館，晚上再出席正式宴會，之後還有各

表揚優勝者的想像圖。優勝者的手臂上會繫上緞帶，並由評委團授予以橄欖樹枝製成的頭冠。

式各樣的宴會。

隔天，人們三五成群地開始返回故鄉。不過，卻留下大量的垃圾和排泄物……

優勝者享有最高的榮譽及伴隨而來的財富

給優勝者戴橄欖枝桂冠，充分表現出希臘奧運的本質就是「競技不是為了金錢而是追求卓越的體能」。但實際上，優勝者則獲得名聲遍及全希臘的榮譽，還有隨此榮譽而來的財富。

優勝者將收到刻有自己名字的獻禮，凱旋回歸故鄉，接受各式各樣的褒獎。不只是現金，還可以免繳年金和稅金，甚至可以免費享用迎賓館的餐點，以及在競技場或劇場的特等席位觀看比賽和表演等權利。有贊助人的優勝者還可獲得很多財富，有的甚至可以擔任軍事將領或殖民地代表、外交使節等重任，還有不少優勝者從其他地方性運動競賽中獲取高額報酬。但據說，落敗選手罹患精神疾病的比率也相當高。

此外，有不少選手是貴族或富豪階級的男性，也有不少人是花錢買優勝。據說，合謀贏得比賽的例子並不少。聳立在通往競技場道路兩旁、數不清的賽內斯（Zanes）像，就是以向詐騙比賽結果的選手們所徵收的罰金建造的。

如此看來，古奧運選手和現代的選手，並沒有太大差別。唯一的不同就在於他們是否具有「業餘精神（Amateurism）」的觀念吧！

古奧運會就這樣經過希臘化時代，直到希臘成為羅馬帝國一部分後仍持續舉辦。由於羅馬積極地導入希臘文化，所以奧林匹克競技大會也受到嚴密保護，甚至更進一步地發展。其中，連有「暴君」之稱的羅馬皇帝尼祿（Nero Claudius Caesar Augustus Germanicus，西元37~68年），也進行所謂的「音樂」競賽，甚至出現他親自上場比賽就必須獲勝的怪現象。

當時，人們讚美「因羅馬而和平」，由於不再有戰事，所以選手都可以安全抵達奧林匹亞，這段期間可說是古奧運會最幸福的時代。

可是，自從三世紀日耳曼人入侵伯羅奔尼撒半島及基督教興盛以來，主要在祭祀宙斯的古奧運競技比賽逐漸式微。西元393年，由於羅馬皇帝頒布禁止異教祭典，這個長達一千二百年的競技比賽正式落幕。

德爾菲的古代遺跡

希 臘 人 的 信 仰 歸 依 處

據説在神諭之日，女祭司皮底亞會在卡斯塔里亞泉淨身，飲用神殿上的卡索地斯泉水之後，進入稱為「奧迪頓」（Adyton）的地下室。然後坐在三腳鼎上，處於聖爐上以月桂樹葉與大麥粉燻出的煙霧中，吸入從「大地裂縫」中散發出來的蒸氣後，説出阿波羅的預言。

德爾菲在古希臘被視為
世界的中心

有「世界中心」之稱的神諭之地「德爾菲」

在古希臘，人們要決定重要事情時，必定會向神明請示該如何做才正確。如此來自神明的指示（意旨）就稱為神諭。

以阿波羅神的神諭之地而聞名於世的德爾菲，在古希臘時被視為是「世界的中心」。因為，當時的希臘人相信，他們所居住的世界是扁圓形。

根據希臘神話，宙斯從大地兩端同時釋放兩隻老鷹，由於兩隻老鷹會飛到德爾菲的上空會合，所以德菲爾被認定是世界的中心。因此，在德爾菲安置了「肚臍之石」（Ompharos），「Ompharos」在希臘語中有「肚臍」的意思。

德菲爾原本就是大地女神蓋亞（Gaea）管轄的聖域，而其子皮頓（Python，原本是巨蟒之意）是看守神諭之地的護衛。這個有關阿波羅神諭之地的傳說有兩個。

一是由於蓋亞的兒子皮頓相信自己會被麗托（Leto）之子殺害的預言，所以想將懷了阿波羅（Apollo）與阿提密斯（Artemis）的麗托殺死。可是，麗托在宙斯與波塞頓的幫助下平安生下孩子，而阿波羅在出生後的第三天，為了替母親雪恨就射殺了皮頓。

另一個是出生於提洛斯島的阿波羅，為了

德爾菲中心・阿波羅神殿

　　位於帕納索斯山斜坡上廣大的聖域，被南北長 183 公尺、東西寬 128 公尺的城牆圍住，東西兩邊的城牆上各設有九道門。正門位於東南角。通往神殿的朝聖之路兩側，並排著收藏供奉品的藏寶庫與勝利紀念碑。

實踐預言而外出旅行尋找「大地上有裂縫之處」，歷經波折他終於找到德爾菲，並以黃金的箭射殺了皮頓。

　　據說，後來阿波羅為了安撫蓋亞，將皮頓的遺體厚葬在阿波羅神殿的肚臍之石下，還為了皮頓的安葬儀式舉辦了皮底亞祭典，而據說後來負責傳遞神諭的女祭司也稱為皮底亞（Pythia）。

來自希臘為求神諭而聚集的人們

　　希臘各地有許多傳遞神諭的神殿，而位於帕納索斯山（Mt. Parnassos）上、海拔高 600

公尺處的德菲爾，是邁錫尼文明後期就存在的神諭之地。

　　自從在德爾菲發現供奉的青銅像以來，可知此地於西元前八世紀初期就被視為是阿波羅的聖域而成為當地的信仰中心。

　　之後，從西元前八世紀中期，希臘人開始在地中海各地建立殖民城邦，而在殖民之前習慣到德爾菲請求神諭。

　　來自各地請求神諭的人齊聚在德爾菲，同時交換各種資訊。由於神諭靈驗，加上此地是資訊交流的重鎮，德爾菲逐漸成為希臘的中心。

　　希臘各城邦在決定戰爭或殖民政策時，也

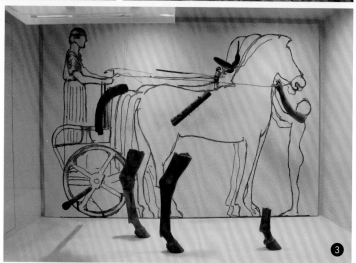

德爾菲博物館

館內收藏著從德爾菲聖域與寶庫所發掘的古文物，
展示室共有十一間。
① 是納克索斯的人面獅身像。
② 是德爾菲整體的模型。
③④ 是西元前五世紀製作的「德爾菲統治者像」，
堪稱為希臘雕刻的最高傑作之一。

會仰賴德爾菲的神諭，神諭對古希臘歷史造成很大的影響。

由於神諭提高德爾菲的威望，使得雅典、斯巴達等城邦，還有東方諸國也貢獻豪華祭品，以誇示其國家的富強。此一習慣持續到西元前四世紀為止。

羅馬時代神諭也持續不斷

此外，官方也在德爾菲興建了不少收藏供奉品的寶庫、戰勝紀念碑或雕像，這些建設都含有強烈的政治意圖。舉例來說，雅典遠征西西里失敗之後，西西里的敘拉古（Syracuse）人就將雅典人的寶庫改建為他們的寶庫。

石造的阿波羅神殿建於西元前七世紀中旬，但在西元前 548 年燒毀。後來由於魯迪亞（Lydia）、埃及等國王捐獻巨款，西元前 536 年開始重建，並於西元 503 年完成。

不過，重建的神殿也於西元前 373 年因地震毀壞，並於西元前 329 年再次重建，這才是我們現在所看到的阿波羅神殿遺跡。

雖然古希臘曾在西元前 338 年的喀羅尼亞戰役（Battle of Chaeronea）中，降服於菲力普二世率領的馬其頓軍下，但德爾菲經過希臘化時代及羅馬時代都一直存續著。

後來，由於希臘政治地位的低落，德爾菲的神諭地位曾經一度失勢，各城邦不再向德爾菲請求有關政策方面的神諭，而主要變成在請求關於結婚、買賣、裁判等個人事物方面的神諭。

四世紀末，拜占庭帝國狄奧多西皇帝（Flavius Theodosius，西元 347~395 年）頒布禁止人民信仰基督教以外的異教，使得德爾菲的長年歷史畫上休止符。

近鄰同盟與皮底亞祭典

管理、運作德爾菲聖域的是近鄰同盟（Amphictyonic League）。一般認為，德爾菲附近的部族之所以成立這個同盟，是因為西元前 595 年至 590 年之間爆發了第一次神聖戰爭。

此一戰爭的爆發是因為掌控德爾菲出入港「吉拉（Kirrha）」的克利薩（Krisa）對前來德爾菲朝拜的人課徵通行稅。戰爭的結果，克利薩投降，吉拉港成為德爾菲的領地。

西元前 590 年，為慶祝戰爭獲勝，重新舉辦了皮底亞祭典。

以往，皮底亞祭典是每八年舉辦一次，在豎琴伴奏下進行吟唱阿波羅的讚美詩歌比賽。但重新舉辦之後，皮底亞祭典和奧林匹亞競技祭典一樣，變成每四年在夏季舉辦一次，而且比賽的內容改為體育競技或戲劇比賽。於是，此一祭典與奧林匹亞祭典、內梅亞祭典、伊斯特米亞祭典齊名，成為希臘最具權威性的「榮冠競技大會」。

難解詩句所暗示的阿波羅神諭方法

初期，阿波羅神殿接受神諭的諮詢是每年

一次，在阿波羅出生的月份「Bysius」第七日舉行，之後改成除了冬季的三個月之外每月的第七日舉行。

　　請求神諭的參拜者，進入聖域之前，必須在卡斯塔里亞（Castalia）泉淨身，在神殿的祭壇上供奉活的祭品，並繳納規定的神諭費用後再依序等待。

　　據說，神官會將神明代言者女祭司所說的話譯成六音步詩行（Hexameter），並將謎一般的詩句交給前來請求神諭的人們。由於人們必須找人解釋這些詩句，所以總把詩句視為不可思議的神諭。

　　稱為皮底亞的女祭司，總讓人以為是現代感十足的年輕女性，但實際上負責阿波羅神諭的女祭司卻是遴選自當地五十歲以上的農婦。雖然不清楚皮底亞的遴選標準，但據說被選上的婦人必須離開丈夫、子女生活，終生奉獻給太陽神阿波羅。此外，女祭司最初只有一人，後來增加到三人。

　　據說，女祭司會在第七天以外的其他日子處理一些簡單的諮詢，並且以二擇一法來回答信眾的諮詢，即將黑白豆裝進容器內看取出的是黑豆或白豆的方式。

　　伊底帕斯王傳說是希臘神話中著名的神諭故事。神諭預言伊底帕斯會「弒父娶母」，而這預言竟然不知不覺地實現了。

雅典與蘇格拉底的神諭及其實際利益

　　歷史上著名的神諭，還有希羅多德（西元前485年～西元前420年左右）所著《歷史》中提到的神諭。

　　雅典城邦在波希戰爭時得到暗示滅亡的神諭後，再度派遣使者獲得以下的神諭：「有遠見的宙斯給出生於妥里通（Tritonis，雅典娜的別名）的預言是木牆碉堡，此乃唯一難以攻陷之物，當能解救汝與汝之子們。」

　　雖然有人將此預言解釋為被敵軍包圍、建造了木牆的衛城，但是席米斯托克（Themistocles）卻將此預言解釋為船艦的意思，因而建造了三層排槳戰船（Trireme），於西元前480年的薩拉米斯戰役（Battle of Salamis）中大勝波斯軍。說個題外話，被敵軍包圍在衛城的人們，在波斯軍猛烈的火攻下無一倖免。

　　此外，蘇格拉底的友人在德爾菲獲得「沒有誰比蘇格拉底更聰明」的神諭，促使蘇格拉底開始探求此一神諭的哲理。

　　柏拉圖《對話錄：申辯篇》中如此記載著：對此神諭抱持著疑問的蘇格拉底去走訪當時被視為智者的人們，結果他發現沒有真正的智者，只有「自以為無所不知」的人，而他比其他人聰明的一點就是認識到自己的無知。

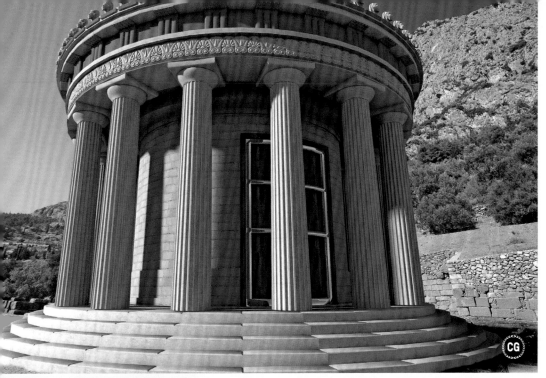

雅典娜聖域

此地離阿波羅聖域不遠。神殿前有一塊象徵雅典娜的聖域，長約 100 公尺、寬約 30 公尺，這裡也擔任阿波羅聖域的前聖域角色。CG 重現西元前四世紀初所建的建築。建築外圍的二十根多利克式圓柱，是採用潘德力山（Mt. Penteli）的白大理石。不過，現在仍不清楚這棟建築的用途。（譯註：Athena Pronaia 有「先於神殿的雅典娜」之意）

泉水之名來自為逃離阿波羅的追求而跳入泉水中的寧芙（Nymph，也譯成女仙子、女精靈）。這裡是參拜者進入聖域之前，以及女祭司皮底亞在傳遞神諭之前的淨身處。

西元前四世紀建造的體育訓練場，上層是有屋頂的迴廊，下面則是運動場，供參加皮底亞祭典的選手練跑步用。

阿波羅神殿周邊

從南邊所看到的阿波羅神殿正面。由於德爾菲的神諭非常靈驗，所以這裡到處充斥著各城邦所供奉的雕刻品。左邊以青銅製成的普拉台雅（Platea）供奉台曾被拜占庭帝國奪走，現在可在也列為世界遺產的伊斯坦堡看到真跡。

雅典人的柱廊

在伯羅奔尼撒戰爭、波希戰爭中獲勝的雅典人，為收藏戰利品所建造的建築。

帕洛斯像

普拉台雅供奉台

阿波羅像

羅得斯的太陽戰車

大祭壇

西里斯人所貢獻的祭壇，在請示神諭
時用來供奉活的祭品。

CG

斯巴達人紀念館

在西元前 405 年伊哥斯普塔米戰役（Battle of Aegospotami）中大敗雅典軍的斯巴達人供奉的建築，共設置了三十七尊紀念當時領軍的將領或眾神的青銅像。

阿戈斯人供奉像遺跡

現在只剩下基座而已，但當年曾裝飾著十尊戰勝斯巴達大軍的阿戈斯王青銅像。

朝聖之路

從城牆東南角的正門往阿波羅神殿延伸的朝聖之路，是羅馬時代鋪設的道路，寬 4~5 公尺。

斯非尼亞人寶庫

這是以斯非尼亞島上金礦的收益為資金建造的建物，入口處裝飾著兩尊女神像。

阿波羅神殿

　　西元前 329 年所完成的多利克式神殿，面積為 60.3 公尺×23.8 公尺，周圍配置著 15×6 根的圓柱。現在仍可以看到的六根圓柱是西元 1939 至 1941 年間修復的。

雅典人寶庫

　　雅典人為紀念馬拉松戰役（Battle of Marathon）的勝利所供奉的建築。後來由法國考古研究所復原這座有兩根多利克式圓柱的建築。

肚臍之石

　　代表世界中心的鐘形大理石，於 1913 年被發現。「omphalos」在希臘語中就是「肚臍」之意。

眾神居住的國度・希臘

英雄柏修斯的故事

天神宙斯與美麗的公主黛娜（Danae）生下柏修斯（Perseus）。由於他的祖父阿利修斯（Acrisius）王相信自己會遭孫子殺害，所以將柏修斯和黛娜一起流放大海。

被善良漁夫救起的柏修斯，成長成為俊美的年輕人。但貪戀黛娜美貌的好色國王波利第克斯（Polydectes）以花言巧語欺騙柏修斯，令柏修斯以自己的頭顱為賭注，踏上了誓言取回蛇髮女妖美杜莎（Medusa）的首級之旅。

受到眾神援助的柏修斯，帶著鑄劍之神赫派伊托斯（Hephaestus）的神劍及雅典娜的盾牌來到美杜莎藏身之處。他利用盾牌的反射找出女妖美杜莎且鎮住其法力，砍下她的頭。

回途上，利用女妖首級的法力，將撐著上天的亞特拉斯（Atlas）變成一座山，從海中怪物手裡救了美麗公主安楚美達（Andromeda），並成功打敗將母親關在神殿裡的波利第克斯王。

另外，年老的阿利修斯王因為害怕孫子而隱居小城鎮，不料卻在當地舉辦的一場競技比賽中誤被柏修斯所擲的鐵餅打中而喪命。

日常出現的星象、星座、占星中的希臘神話

在世界屈指可數的神話中，希臘神話的知名度可說拔得頭籌！不管怎樣，正因為從不同的宗教觀點來看，融合羅馬帝國時代的背景鋪陳而成的希臘神話世界，實為歐美各國的文化與精神的骨幹。

舉例來說，希臘諸神的英文名字（以英語為發音的名字）就是取自太陽系的星座名稱，這點即使不加以說明，大家也很清楚吧。此外，出現在希臘神話中的眾神名稱，連我們也非常熟悉。相信大家在童年時，都曾看過星象儀（Planetarium）。星象儀中所描繪的穹蒼星座圖，就是出現在希臘神話中的人物或動物。當我們長大成人後，抬頭仰望夜空，看到記憶中的星座，就可脫口說出它們的名稱。

此外，刊載在報紙角落或雜誌最後一頁的「占星」運勢，也成為人們日常生活中的話題，比如討論：「你是什麼星座？」「我是獅子座」等等。其實，說希臘神話早已融入人們的生活，一點也不為過。不過，令人意外的是如果詳加詢問，竟有很多人不清楚如此貼近我們身邊的希臘神話的真實面貌。

希臘神話世界的確如星空般浩瀚且深奧。不管你是如何看待這些好像是天馬行空想像出來的故事，但希臘神話中真的有融合歷史事實，並結合一些真實人物的故事。

希臘神話的創始故事──宙斯與克洛諾斯之戰

希臘神話中的「世界」，開始於漆黑一片的混沌分出天與地之時。天是眾神之父烏拉諾斯（Uranus），而大地是眾神之母蓋亞。之後，從大地之母裂縫中誕生出稱為泰坦族（Titans）的十二巨神。泰坦巨神之一的克洛諾斯（Cronus）打敗父親烏拉諾斯後成為宇宙的主宰，並為創始的世界帶來秩序。

可是當父親倒下時，克洛諾斯也聽到自己會被兒子奪取王位的預言，於是他陸續吃掉自己與妻子瑞亞（Rhea）所生的五個子女。因此，瑞亞在生出第六個兒子宙斯時就將他藏到克里特島，並用生產時的布包石頭偽裝成宙斯讓克洛諾斯吃掉。

在克里特島長大的宙斯，不久獲得母親的協助，從克洛諾斯的腹中救出哥哥和姊姊們。之後，宙斯和兄姊們齊心協力，與以父親為代表的泰坦族展開了十年以上撼動天地的戰爭。

宙斯和兄姊，雖然和泰坦巨神是手足關係，但是獲得妖怪獨眼巨人塞克羅普斯（Cyclops）以及百臂巨人赫克頓蓋爾（Hecatoncheir 或 Hekatoncheir）的協助，終於獲得勝利，將泰坦族幽禁在稱為「Tartaros」的地獄中。

如此成為世界統治者的宙斯一方，在希臘北部、聳立於馬其頓與德撒利亞（Thessalia）

附近的「奧林帕斯山」（Mt. Olympus）天上
建構諸神王國，此後他們就被稱為「奧林帕斯
的眾神」。

出現在通俗故事中充滿人性的希臘眾神

希臘神話中的眾神被描寫得非常人性化，
甚至會做出平凡人的行徑。例如，他們有時一
怒之下就向大地打雷或製造大洪水，有時則變
身成各種動物的模樣而留下「神跡」。另一方
面，受到美麗凡間女子吸引的神明，不但會以
見不得人的手法接近她們，或是濫用神力誘拐
她們，而且會在妒火燃燒之下陷害情敵。

從我們的倫理觀點來看希臘諸神的各種傳
說，會覺得他們有著許多令人爭議的面向。不
過，這也是希臘神話戲劇為何如此觸動人心及
充滿魅力的原因吧。

此外，從如此多樣性的神話中衍生出來的
英雄傳或世界著名的《伊利亞德》（Iliad）、
《奧迪賽》（Odyssey）等敘事詩，也是
後世考古學家海曼利希·謝里曼（Heinrich
Schliemann，1822~1890 年）發掘真正特洛
伊（Troy）遺跡的原動力吧！

在二十一世紀，真想衝上神明所居住的星
空，看看希臘眾神是如何看待這片他們所創造
的人類世界。

英雄柏修斯的故事

天神宙斯與美麗的公主黛娜（Danae）生
下柏修斯（Perseus）。由於他的祖父阿利修
斯（Acrisius）王相信自己會遭孫子殺害，所
以將柏修斯和黛娜一起流放大海。

被善良漁夫救起的柏修斯，成長成為俊美
的年輕人。但貪戀黛娜美貌的好色國王波利第
克斯（Polydectes）以花言巧語欺騙柏修斯，
令柏修斯以自己的頭顱為賭注，踏上了誓言取
回蛇髮女妖美杜莎（Medusa）的首級之旅。

受到眾神援助的柏修斯，帶著鑄劍之神赫
派伊托斯（Hephaestus）的神劍及雅典娜的
盾牌來到美杜莎藏身之處。他利用盾牌的反射
找出女妖美杜莎且鎮住其法力，砍下她的頭。

回途上，利用女妖首級的法力，將撐
著上天的亞特拉斯（Atlas）變成一座山，
從海中怪物手裡救了美麗公主安楚美達
（Andromeda），並成功打敗將母親關在神
殿裡的波利第克斯王。

另外，年老的阿利修斯王因為害怕孫子而
隱居小城鎮，不料卻在當地舉辦的一場競技比
賽中誤被柏修斯所擲的鐵餅打中而喪命。

希臘的主要諸神

波塞頓 Poseidon

宙斯的哥哥，負責掌管海洋與河川。手上握著三叉戟的波塞頓，乍看之下個性沉穩，但實際上性子急又脾氣暴躁。此一性格使他經常將風平浪靜的海面變成狂風暴雨，而乘船的人們都非常懼怕他。

雅典娜 Athena

誕生自宙斯頭部的戰神與智慧之神。雅典娜不但人長得美，而且個性勇敢果決，深思熟慮。她也被視為是教導女性紡紗織布等技術的女神。她手上的盾後來協助柏修斯成功拿下美杜莎的項上人頭。雅典娜也是雅典城邦的守護神。

宙斯 Zeus

天界最高之神、世界的統治者、眾神與人類之父。手持著權杖，經常施展打雷閃電的力量。跟隨在宙斯身旁的聖鳥「老鷹」，守衛著其寶座。雖然宙斯是充滿慈愛的偉大神明，但他也經常傳出醜聞而受到妻子赫拉的監視。

赫拉 Hera

宙斯的姊姊及妻子。外貌亮麗又趾高氣揚，雖然對花心的宙斯束手無策，但很重視婚姻的羈絆，從未做過背叛丈夫的事，稱得上是賢淑之妻，也是宙斯唯一懼怕的人。赫拉也是婚姻的守護神。

阿波羅 Apollon

宙斯的兒子，象徵青春之美。這位希臘男性的理想典範，負責掌管醫藥、藝術，也是位名弓箭手。此外，他就是傳說中駕著太陽馬車聘馳在天空的神明。由於阿波羅是個絕世的美男子，所以有關他的戀情軼事也不少。

阿瑞斯 Ares

宙斯與赫拉的兒子，一般都稱他為戰神。在希臘時代，他是個脾氣暴躁、魯莽、沒思想又愛喧鬧的無賴漢，但在羅馬時代，他卻成為「馬爾士」（Mars，火星）。由於在眾神中他不受歡迎，所以大家都不覺得他像戰神。

邁錫尼

西元前十六世紀由掌管愛琴海的希臘人所創造的古文明

邁錫尼與泰利安的古遺跡群

希臘的歷史始於西元前二十世紀左右，隸屬印歐語系的早期希臘人——阿利安人（Aryan）入侵此地的時候。他們與希臘中東部的賽撒利亞等民族發生戰爭，而形成混亂時代。此後，分散在各地的古希臘族群之一的亞該亞人（Akhaian）透過與克里特的交流創造出以邁錫尼為中心的「邁錫尼文明」。邁錫尼位於伯羅奔尼撒半島東北部的阿戈斯（Argos）平原北端。

從線形文字所了解的邁錫尼文明

興盛於西元前十七世紀到十二世紀間的邁錫尼文明，我們可根據遺跡中出土的黏土版書解讀的「線形文字B」，清楚了解其真實面貌。

舉例來說，希臘語的字源中並沒「王」這個字，而是以「wánax（發音即 wa-na-ka）」的稱號統治整體國家，專制的「wánax」的地位甚至有如神明。

當時輔佐「wánax」的官僚，有稱為「ra-wa-ke-ta」（相當於大臣兼軍司令）、武官、行政官等。此外，邁錫尼王國由數省所組成，其中包括數個農村組織。農地則由行政官分配給稱為「da-mo」的民眾，此外，土地還細分為宮廷用地與地方土地，前者一部分是國王或高官的領地、另一部分則是犒賞行政官員等的領地。換句話說，邁錫尼王國是以徵收賦稅為基礎的國家。

邁錫尼文明的建築為巨石樣式（cyclopean），其特色在於全部由未經雕刻過的巨石堆砌而成、縫隙處再嵌進小石塊。順便提一下，「cyclopean」一字來自荷馬（Homer）史詩《奧迪賽》中的獨眼巨人（Cyclops），由於希臘人經常使用巨石當建材，所以就以此命名。此後，邁錫尼人持續建造許多的巨石建築，並於西元前十五世紀完成了現在保存下來的宮殿遺跡，但城牆與獅子門、還有地下水道則是於十四與十五世紀時增建的。此外，在西元前十三世紀末，由於周邊諸國的威脅增加，於是開挖了具備兩條祕密通路東塔，以及在圍

城戰時可確保水源供給無虞的深井。此一深井也稱為培賽亞之泉。

西元前十三世紀末，邁錫尼附近的泰利安宮殿（Tiryns Castle）進行大幅增建，以作為人類或動物在非常時期的避難場所。

西元前 1490 年，邁錫尼王國進攻克里特等地企圖向海外擴張版圖。西元前 1220 年，邁錫尼在特洛伊戰爭中消滅了特洛伊（譯註：Troy，即 Ilios，荷馬史詩中提及的特洛伊戰爭發生地），後來這場戰爭成為詩人荷馬撰寫《伊利亞德》的題材。

不過，西元前十三世紀左右，邁錫尼文明突然瓦解。追究其原因，大部分認為是因為經濟的衰退、飢荒、下層階級的暴動，最近的說法則是以賽撒利亞為據點的海上民族。

謝里曼「尋寶」式的挖掘

毫無疑問，將邁錫尼之名成功推上世界舞台的就是特洛伊遺跡的發現者海曼利希・謝里曼（Heinrich Schliemann）。不過，遺跡本身直到十九世紀初才被挖掘。西元 1841 年，希臘考古學者畢塔基斯著手挖掘獅子門。

那麼，為什麼出名的是謝里曼呢？因為他非常擅長宣傳自己的功績。謝里曼從 1874 年開始發掘邁錫尼，1876 年發現了圓形墓穴 A，還有以前從未在此地發現的黃金面具、黃金與青銅製的杯子、皇冠、鑲嵌著金銀的劍、刻有浮雕的墓碑等寶藏。他利用這些出土的文物舉辦展覽會、出版德語及英語版的解說書、進行相關演講等，向歐洲人證實荷馬史詩中所描述的「充滿黃金的邁錫尼」，真的存在。

不過，謝里曼也只不過是近代眾多的古蹟「尋寶」者之一。他曾批評希臘考古局層層開挖遺跡，浪費了許多金錢和時間。而他只和妻子兩人監督一百二十名工作人員進行複雜的挖掘。

宮殿

宮殿的大門位於北側,內部大致可分為中庭、國王寶座的房間,以及大廳三大部分。庭院的牆上當時覆蓋著灰泥,並描繪著色彩豐富的裝飾及濕壁畫。另外,還有浴場、貯水槽等設施。

聖域

在「戰士之壺館」的周邊,有「神殿」等幾座宗教建築。在這裡發現了祭祀用的大型陶土製品。

獅子門

宮殿的正門,門上有兩頭面對面的獅子浮雕,但不知是否因為採用不同建材的關係,目前已看不到獅子的頭部。此外,頂上的三角形開口是邁錫尼建築的特徵。

圓形墓地

　　這裡有六座從西元前十七世紀後半到十六世紀，將豎穴墓做為埋葬設施的圓形墓地。從 4 號與 5 號墓地挖出數個黃金面具，其中最著名的就是阿伽門農黃金面具。

戰士之壺館

　　爬上大斜坡的右側，有幾座沿著城牆建造的遺跡。其中，「戰士之壺館」是當時的大型住宅遺跡。

大斜坡

　　從獅子門往宮殿的主要道路。往左邊是宮殿的主建築，往右邊則是長長的城牆與聖域等。

隱密的蓄水池

　　位於邁錫尼城內的祕密設施，為了確保圍城時的水源所挖的深井，也稱為培賽亞之泉。

圓形劇場

西元前四世紀由阿戈斯建築家波里克利特（Polyclitus of Argos，西元前 500～西元前 401 年）建造的圓形劇場，曾於西元二世紀進行擴建，是目前古希臘劇場中保存最好的劇場。沿山坡建造的觀眾席，隔著一條弧形的通路分為兩層，上層設有二十一排座位，下層有三十四排，共可容納一萬四千人。此一圓形劇場的音響效果很好，如果在舞台上掉落一枚錢幣，坐在最後一排也聽得到，所以現在仍有古代戲劇在此上演。

世界遺產1988

埃皮道洛斯遺跡

「醫藥之神」阿斯克雷波斯醫治希臘各地病人的聖域

「醫藥之神」阿斯克雷波斯治療所有病症

臨近伯羅奔尼撒半島東部的薩羅尼卡（Saronic）灣、登錄為世界遺產的埃皮道洛斯遺跡，由於是希臘神話中「醫藥之神」阿斯克雷波斯（Asklepios）的出生地，所以在古代被視為醫療的聖域。

阿斯克雷波斯是阿波羅與凡人女子克羅尼絲（Clymene）的兒子。他原本不是神，而是半神。據說，在醫學上展現特殊才能的阿斯克雷波斯，通曉所有疾病的治療方法，甚至可以讓死者起死回生。

不過，「冥界之王」哈帝斯（Hades）非常生氣阿斯克雷波斯從他管轄的領域將死者帶回人間，向宙斯強烈抗議這樣會擾亂世界的秩序。宙斯聽進了這件事，以雷電劈死了阿斯克雷波斯。阿斯克雷波斯死後，升天變成蛇夫座（Ophiuchus），成為希臘眾神之一。

埃皮道洛斯作為療養設施的歷史

由於埃皮道洛斯位於連接阿爾戈斯平原與撒羅尼卡灣的要衝，自邁錫尼時代就存在著強大的聚落。最古老的遺跡是位於丘諾迪翁山上的阿波羅・馬勒阿塔斯神殿。據說，西元前八世紀時，此神殿曾舉行包括在地之神馬勒阿塔斯在內的太陽神阿波羅祭典。

目前並不清楚阿斯克雷波斯的信仰是何時在埃皮道洛斯奠定根基的，但有紀錄記載：在西元前419年曾將阿斯克雷波斯神請到雅典祭祀，所以至少到這時期為止，阿斯克雷波斯一直是埃皮道洛斯當地人民的信仰中心。

到了西元前六世紀，綿延於丘諾迪翁山西北部的平地就成為阿斯克雷波斯的聖域。

埃皮道洛斯最興盛的時期是在西元前四世紀到西元前三世紀之間，來自希臘各地的參拜者為了治病而造訪此地。現存的大部分遺跡都是那時期建造的。

何謂古希臘的治病法？

患者在埃皮道洛斯進行的治療，不只是用藥而已，還須配合運動或按摩放鬆身體，或是以觀賞戲劇或音樂使心情平靜，更認為是病由心起。

進行運動的場所是體育場，這也是現在的「gym」一字的來源。這座西元前三世紀初建造的體育場，長76公尺、寬70公尺，現在這裡是建有音樂堂的場所。不過，另有一說法，埃皮道洛斯的體育場是用來當成參拜者品嘗分配到的祭祀肉品的宴會場。

此外，在埃皮道洛斯每四年會於伊斯特米亞祭的九天之後舉辦一次阿斯克雷波斯祭典，進行體育競賽或上演戲劇。

西元前一世紀，埃皮道洛斯遭到羅馬將軍蘇拉（Sulla）的破壞。西元二世紀小亞細亞出身的希臘人、羅馬上議院議員安東尼亞納（Antoniniana）將此地捐出來做浴場，此一聖域才恢復往昔的繁榮。

自從基督教在羅馬帝國境內廣布、不進行德爾菲的神諭之後，埃皮道洛斯也由狄奧多西二世（Theodosius II）於西元426年關閉這個療癒的聖地。

阿提密斯神殿

　　東西長 7.25 公尺、南北寬 4.85 公尺的小型建築物，祭祀著阿斯克雷波斯的叔母阿提密斯（Artemis）。雖然這是建於西元前四世紀的多利克式神殿，但正面（東側）的六根圓柱是多利克式，其他的十二根圓柱則是愛奧尼亞式。

住所

　　西元前四世紀建造的給參拜者用的住處，稱為卡達哥蓋奧。這棟正方形的建築有兩層樓高，約 76 公尺，共有 160 間房間，面對中庭的一側有四根多利克式圓柱。

山門

　　山門（Propylaea）為進入聖域的正面玄關，建於西元前 330 年左右。當時的建築北側有愛奧尼亞式圓柱，南側則是科林斯式圓柱。

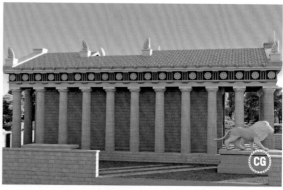

西元前 370 年左右，由建築家迪奧多圖斯（Theodotus）所設計建造的。根據 1885 年發現的建築會計碑文，從開工到完成花了 4 年的時間。牆面塗有灰泥，地板則鋪滿白黑磁磚。

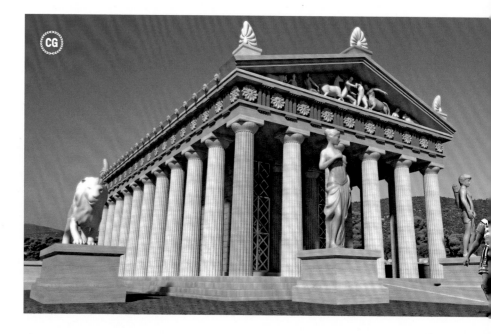

阿斯克雷波斯神殿

　　這是多利克式神殿，正面有六根、側面有十一根的多利克式圓柱。據說，殿內大廳原有一尊手拿著蛇杖的阿斯克雷波斯像。這尊黃金象牙製雕像是由雕刻家托拉修梅迪斯（Thrasymedes）所製作。

競技場

　　建於西元前四世紀的競技場，用於阿斯克雷波斯祭典。全長約 181 公尺，南側設有 14 排、北側有 22 排的觀眾席。

列柱廊

　　這是供患者睡覺的地方，以便讓他們在睡夢中獲得醫藥之神阿斯克雷波斯關於治療的啟示。實際上是由祭司解夢，並施予治療。

音樂廳

　　西元三世紀末由羅馬人所建造，也稱為歐迪翁。這是有屋頂的小型劇場，常用來舉行音樂會、詩歌朗誦、演講等。

浴場

　　建於希臘化時代的沐浴場所，在拉丁語中稱為「阿哥阿依」，即水的意思。目前只保留了希臘式浴槽和馬賽克地板。

克里特島‧邁諾安文明
與邁諾陶傳說

古希臘最古老文明與克諾索斯宮殿

邁諾陶與克諾索斯宮殿

現在，大家都對克諾索斯宮殿裡的牛頭人身怪物邁諾陶（Minotauros）的傳說，耳熟能詳。之所以有這個傳說，就是因為克諾索斯宮殿長年擴建的結果，使得宮殿內的結構有如迷宮般複雜。事實上，此地也有不少關於牛的出土文物，所以傳說的起源應該就在這附近。

CG

位於地中海與愛琴海交界處、希臘與埃及之間的克里特島，由於地處遠東、希臘與埃及的中繼點而繁榮發展，是比希臘本土更早產生文明的地方。

根據傳説，也出現在希臘神話中的克里特王邁諾斯創建了克諾索斯城，並管轄了愛琴海。

但令人意外的是直到一百年前的西元1900 年 3 月 23 日，才證實了克里特文明或與邁諾斯王有關的邁諾安文明的存在。

證明此地存在著古文明的是英國人艾文斯（Sir Arthur John Evans，1851~1941 年）。他從距離克里特島伊拉克利翁（Iraklion）市南方 5 公里的卡哈那山（Kephala），成功挖掘出克諾索斯宮殿，並親自將之命名為邁諾安文明。

邁諾安文明的特徵及其歷史

始於西元前兩千年左右的邁諾安文明，打造克里特島上的克諾索斯、馬利亞（Mallia）、費斯托斯（Phaistos）等城市，並建設包括宮殿、役所、住宅、墓地等在內的設施。

其中，克諾索斯是最具勢力的城市，該城市的國王代代打著邁諾斯的名號，此後邁諾斯成為希臘人認定克里特島上有錢有勢之人的代名詞。

宮殿既是邁諾斯王召集大臣討論政策的中心，也是經濟活動的中心。國王掌管生產與商務，並在宮殿內的倉庫收藏大量的糧食等物資，建造工作坊製造優秀的工藝品。

邁諾安文明使用的文字，初期採用兩種經書體（hieroglyphs，俗稱埃及象形文字），但在西元前十八世紀左右改採用線形文字 A（Linear A）。

由於只有國王的代理人及文書官可以解讀這些文字，所以它是專制君主制不可欠缺的一環。

線形文字 A 是邁諾安文明從西元前十七世紀就開始使用的線形文字 B 的原型。它和早期的經書體一樣，到現在也未能解讀出來，不像線形文字 B 在 1951 年即被解讀。

就像克諾索斯宮殿一樣，邁諾安文明的宮殿都沒設城牆。這是因為歷代國王只考慮到保有強大的海軍，卻沒顧慮到外敵的侵略。而從科默斯（Kommos）、帕萊卡斯楚（Palaikastro）等港灣都市出發的交易船隊中有許多的克里特船隻。這些船隻的特色是輕盈、可暢行無阻地行駛於地中海，並獨占古代遠東的貿易。

這些船隊從克里特島將陶器、寶石等運送到希臘、小亞細亞、埃及，而將礦產等物資運回克里特島。邁諾安文明就這樣給地中海各地帶來影響。此外，島上宮殿的牆壁上也盛行描繪色彩豐富的濕壁畫。

展示室內的情景。由於這座博物館靠近市中心，前往克諾索斯宮殿時
一定要順道參觀一下。

這幅「百合王子」壁畫，與現今在克諾
索斯宮殿內的壁畫有所不同。

博物館的二樓有重現克諾索斯宮殿的木製模型，可由
此看出宮殿結構有多麼複雜。

伊拉克利翁考古學博物館

博物館內收藏著克里特島的出土文物，而且只有這裡展示邁諾
安文明的遺物。館內共有二十間展覽室，在第 3 室可以看到刻
有尚未解開的經書體的費斯托斯圓盤，第 4 室則有從克諾索斯
宮殿的「國王寶座的房間」南側出土的蛇身女神像。此外，第
14 至 16 室則展示著在克諾索斯發現的壁畫實物。

因天災或侵略而面臨危機的克諾索斯

　　邁諾安文明曾數次面臨危機，最早的一次是西元前 1780 年發生的地震，造成了克諾索斯宮殿的崩塌。據說，這次的地震是提拉島（Thera Island，即今聖托里尼島）的噴發造成的，但根據 1990 年代發表的研究成果推斷，火山的噴發應該在西元前 1628 年。

　　不過，處於興盛時期的邁諾安人很快就修復了宮殿。此外，邁諾安文明的宮殿可區分為因為地震發生傾倒之前的舊宮殿以及到西元前 1490 年為止的新宮殿，或是分別稱為第一宮殿與第二宮殿。而在舊宮殿時代有以橘色彩繪出奔放樣式的卡馬雷斯（Kamares）陶器，新宮殿時代則有以鮮綠色為底畫上紅或茶色花紋的文物。

　　邁諾安文明大約持續了五百年的榮景。西元前 1490 年左右，由於邁錫尼人侵略克里特島，島上各地的宮殿都被燒毀，只有克諾索斯宮殿保留下來，成為邁錫尼的據點，但這座宮殿也在西元前 1370 年遭到破壞。

　　不過，邁諾安文明並沒有因此而結束，直到西元前 1200 年，哈尼亞（Hania）等城市仍是克里特島上殘存的政治行政中心。

發掘克諾索斯的艾文斯之功過

　　發掘克諾索斯宮殿的艾文斯，不僅出版了

現在的克里特島・伊拉克利翁

從希臘首都雅典搭飛機約 50 分鐘，即可以抵達這
個希臘最南端的克里特島。島上的氣候溫暖，是著
名的橄欖油與葡萄產地。伊拉克利翁位於島的中
心，因附近的克諾索斯宮殿而成為觀光景點。

《邁諾斯王的宮殿》挖掘報告書，還將邁諾安
文明與埃及文明的編年作比較，奠定了邁諾安
文明的「絕對年代」（absolute age）成果。

　　艾文斯將邁諾安文明分為三個時期，但後
來根據陶器的研究推翻了此一編年法，考古學
界的共識是應該劃分得更細。

　　這是艾文斯為了平衡當時的投資資金，在
尋寶式挖掘過程中劃時代的作為。不過，近年
來大家對艾文斯修復遺跡的正當性，抱持著很
大的疑問。

　　舉例來說，他在克諾索斯宮殿的「國王寶
座的房間」中進行挖掘時，將原本位於地上的
國王寶座墊高，變成如今所看到的模樣。另
外，他還修復了廣場南側稱為〈百合王子〉的

濕壁畫，但壁畫的內容卻與展示在伊拉克利翁
考古博物館裡的實物不同，他不但將各人物像
的片斷組合在一起，還自行創作出人物的臉部
表情等。

　　據說，這是艾文斯在復原壁畫時，將當時
管轄七大洋的大英帝國維多利亞王朝投射到邁
諾斯王的海上王國的緣故，現在大部分修復的遺
跡或濕壁畫都與邁諾安文明的真實面貌有差異。

　　因此，最近的邁諾安文明研究中都盡量排
除艾文斯的想像因素，而朝解開邁諾安文明真
實面貌的方向努力。

克諾索斯

迷宮的起源——邁諾陶傳說

克諾索斯宮殿是東西長 170 公尺、南北寬 180 公尺的長方形建築，宮殿內數百間房間環繞著中央一個長 50 公尺、寬 25 公尺的中庭而建，這就是邁諾安文明宮殿建築的特色。

宮殿的結構相當複雜，以兩層或三層樓的建築為主，內部由相當多的樓梯和長廊連接，難怪大家都將它比喻為「迷宮」（labyrinth）。

克諾索斯之所以被視為迷宮，與希臘神話中的邁諾陶傳說有關。

此一故事始於邁諾斯為了取得王位，求海神波塞頓給他一頭公牛活祭作為繼承王位的證明。

波塞頓回應了邁諾斯的要求，給了他一頭公牛，但由於這頭牛長得太好看了，於是邁諾斯改用別的牛代替。

知道這件事的波塞頓非常生氣，為了報復邁諾斯而使他的王妃帕西菲（Pasiphaë）戀上公牛。煩惱自己感情不正常的王妃找戴達羅斯（Daedalus）商量，要他製作一隻有母牛外型的淫具，達成她與公牛交合的願望。

不久，王妃帕西菲生下小孩，就是人身牛頭的怪物「邁諾陶」（Minotaur）。知道這件事的邁諾斯命令戴達羅斯建造了迷宮，將邁諾陶關在裡面。

之後，在雅典體育競賽中獲得優勝的邁諾斯王兒子，遭到雅典王的嫉妒而被暗殺。邁諾斯因此率兵攻打美加拉（Megara）與雅典。

雅典在此一戰役中失敗投降，於是與邁諾斯約定在往後的九年中，每年都獻祭少男少女給邁諾陶。

可是，第三次的獻祭時，雅典王子提修斯（Theseus）把自己當成活祭品來到克諾索斯。

對王子提修斯一見鐘情的邁諾斯公主阿里阿得尼（Ariadne），交給王子一把短劍與一團絲線。提修斯將絲線一端綁在入口處進入迷宮、打倒邁諾陶之後，循著絲線順利逃出迷宮。

因不斷修改擴建而產生複雜結構的宮殿

據說，克諾索斯宮殿建於西元前兩千年左右。西元 1780 年，因地震毀損後重建，於西元前 1490 年納入邁錫尼文明的統治下。

後來，在西元前 1370 年的一場大災難中遭到破壞。現在所挖掘出來的大部分遺跡都是那次大災難的火災中倖存下來的。

因此，具有長年歷史的克諾索斯宮殿就這樣形成了複雜結構。

克諾索斯宮殿平面圖

　　宮殿中間夾著中庭，分為三層樓建築的西翼與兩層樓建築的東翼。西翼的西側有稱為西廣場的前庭。這裡有邁諾安文明宮殿建築的特色之一──一條墊高的通路銜接著可俯瞰前庭的西門。

　　從西門進入內部，一開始就是「行進的迴廊」。這裡原來是在宮殿的南端，從這裡左轉再左轉就可以走到中庭，但現在南端完全崩塌了。西翼的一樓大部分是倉庫，儲藏著油壺、穀物等。

　　經過比中庭低的前室就可以到達「國王寶座的房間」，在前室設有四扇折疊式門窗。

　　此外，「國王寶座的房間」真的是國王日常使用的場所。而邁諾安王朝統治之後，將這裡改成祭祀設施。

　　西翼的二樓全部是後來修復的，但與祭祀有關的房間，則配置著相關祭祀的設備。

　　東翼的北側為工作室與倉庫，南側則是居住區，有雙斧（Labrys）大廳、國王房間（King's Hall）、女王房間（Queen's Hall）等。

　　居住區內的房間互通，從中庭走在毫無阻隔的通道上非常涼爽，居住區則以三個光庭來採光。這些房間都有雙開式門扉的設計，可以部分或是完全打開，讓涼爽的風在克里特島炎熱的夏天中吹進房間，使居住在裡面的人過得舒適。

　　光庭、樓梯以及松木製的下瘦式圓柱迴廊，還有排水設備都是邁諾安宮殿建築的特色。

① 大階梯

　　位於中央廣場東側的階梯。雖然上半段已經修復，但下半段還維持著當初的模樣。相對於西側三層樓的建築，東側據說是五層樓的構造。從這裡再往前走就是以濕壁畫〈海豚〉有名的女王房間。

② 南正門行進的迴廊

　　現在參觀者一離開西廣場，就可以進入宮殿內部。這裡是西邊的玄關，被稱為「行進的迴廊」。這裡原本還有濕璧畫〈運送糧食物資的年輕人〉，但現在改裝飾在南正門。

③ 有柱子的地下迴廊

　　克諾索斯宮殿的西側主要是進行宗教儀式的場所，所以有為數不少的神殿、聖堂等宗教建築。當然，也有還不清楚功用的場所。從這裡再往前走，就是克諾索斯宮殿。

④ 西廣場

　　進入現在的入口，面向宮殿的左邊就是西廣場。廣場內有個大型的圓形豎穴，據說是古宮殿時代的穀倉遺跡。另外，廣場上建有艾文斯銅像。

⑤ 國王寶座的房間

　　牆上以紅與白色描繪的壁畫是後來修復的，所描繪的圖案是椰樹、一對面對面的半獅半鷲怪獸（griffin）。緊貼著右邊牆面、石膏製的國王寶座和一旁的長板凳，是挖掘此地時同時被發現的文物。

⑥ 中庭

　　邁諾安文明宮殿構造的最大特色就在於中庭。這裡似乎是進行祭祀儀式的場所。這個推測來自出土的濕壁畫，描繪許多人聚集在中庭執行某種祭祀的畫面。

⑦ 雙斧大廳

　　這裡的別名就叫做「國王大廳」。雙斧就是具有人與神雙重權力的象徵，顯示出邁諾斯王既是國王也是神官。

⑧ 石管水道口

　　在宮殿的東側有許多與生活息息相關的建築。這是以當時的石頭建成的水道，可見當時的技術。

⑨ 陶缸倉庫

　　同樣位於東側的陶缸倉庫。從宮殿的出土文物當中在此發現了許多外觀精美的陶缸，有人認為是用來裝酒和橄欖油。

◉ 世界七大奇景 2

羅得斯島巨像

僅 56 年就瓦解、沉寂了 800 年、高 32 公尺的巨大太陽神像

任其毀壞擱置的巨像

建造當初就被指責難以掌握平衡的太陽神像，因為地震而毀壞。雖然曾檢討再建一事，但由於德爾菲神諭的禁止而否決了。這裡重現 800 年後被阿拉伯人掠奪其青銅板，任其毀壞擱置的景象。

富裕的羅得斯島興建戰勝紀念巨像

　　希臘效法埃及製作比人類還大型的雕像（Colossus，即巨像之意），陸續在各地出現了以眾神之像為主的巨大雕像。其中，最具代表性的一尊就是受到人人稱讚的羅得斯島巨像。此後一提到巨大雕像，大部分都是指這座雕像。

　　羅得斯島自古以來即是交通要地，成為希臘各城邦中最富裕繁榮的地方。居住在航海技術歷史悠久的羅得斯島上的人們，編纂出守護全世界乘船者的海事法典，所以此地可說是世界貿易中心，而得以與戰爭絕緣。可是，西元前 305 年邁錫尼將軍提梅托利向羅得斯島探詢合作攻打埃及的意願，遭到羅得斯島的拒絕，於是提梅托利轉而進攻羅得斯島。羅得斯島全力進行保衛戰，結果迫使邁錫尼軍不得不撤退。守住商港立場的羅得斯島，為慶祝此一戰役的勝利，決定將在戰爭中獲得的武器全數拿出來製作島的守護神——太陽神（Helios）。

現在的羅得斯島

身處愛琴海東方的羅得斯島，現在是歐美觀光客知名的繁榮度假聖地。分為城牆圍住的舊市街與四周廣闊的新市街，以騎士團長居住的宮殿為始，殘留下與聖約翰騎士團相關的中世紀建築物。島內展示許多出土文物的考古學博物館也很有名。

　　獲選為雕像負責人的就是著名雕刻家利希帕斯（Lysippus）的弟子、羅得斯島出身的卡列斯（Chares）。他指揮一百人以上的工匠與數百人以上的奴隸，使用了 500 塔拉頓（talent，質量單位，約 13 公噸）的青銅與 300 塔拉頓（約 8 公噸）的鐵，於西元前 280 年完成這尊太陽神巨像。

因德爾菲神諭而禁止再興建

　　此一巨像的製作過程困難重重。雕像如此巨大，根本不可能一次就雕塑完畢，首先必須製作石頭的基座，將石頭慢慢堆砌起來，再將鐵製骨架綁在石頭上固定，上面再反覆貼上一張張青銅板。一旦到達某個高度，就開始填土，以將雕像埋進地裡的方式往上加高。運用此一方法，一年頂多製作出 2 至 3 公尺的高度，所以總共花了 12 年時間，才完成這尊 32 公尺高的巨像。

　　順道一提，指揮此一浩大工程、完成備受讚譽巨大雕像的是卡列斯，但據說他因為被人指責說雕像有輕微刮傷而自殺。正因為他是如此高標準的完美主義者，才能精準地將雕像的每個部分架構起來。

　　不過，如此煞費苦心製作完成的太陽神巨像，卻是七大奇景中壽命最短的，只維持了 56 年就在世上消失無蹤。由於羅得斯島發生地震，巨像從膝蓋處折斷傾倒到海裡。雖然當

如果，現今巨像仍存在

太陽神巨像建於 Mandraki 港的入口。下圖
是將巨像建於今日的風景之中。和後世的
美國「自由女神像」相比也只小了 14 公尺
的太陽神巨像，在今日來說仍是座巨像。

地人也討論是否要重建此一巨大雕像，但據説
因為德爾菲的神諭而禁止重建，此後傾倒的
半身像就這樣任由其倒在海中。可是，西元
977 年阿拉伯人前來此地將巨像表面的青銅
板剝除，以共計九百頭的駱駝載運到敍利亞
賣掉。因此，現在在羅得斯島完全看不到巨
像的痕跡。

因此，此一太陽神像的樣貌，至今仍是個
謎。有文件記載，巨像是雙腳跨立在港口兩
邊，通行的船隻都必須經過他的胯下，但無
從得知這是考慮到船的尺寸還是雕像的尺寸。
現在一般採信的説法是，雕像聳立於堤防的
前端。

其次是有關雕像的姿勢，説法不一。有人
認為是舉右手，也有人認為是敬禮的姿勢貼近
額頭，或是左手拿披風或握劍等的姿勢。現
在則被推測是右手舉起像敬禮一樣靠在額前，
而左手上掛著披風的姿勢，以便 32 公尺高的
雕像能夠取得平衡，就如同這次 CG 所描繪的
樣貌。

不論如何，以當時的科學技術，能夠完成
如此巨大的青銅像，可説就是一奇蹟式的偉大
工程。

由後方所見之巨像

關於太陽神像的姿勢，現今有各種說法。
為了取得平衡據信是如同這次 CG 所描繪
的樣貌。至於外觀，由在羅得斯島發現的
亞歷山大大帝像太陽王冠的遺跡中，兩者
相同的形象所推測出來。

CG

世界七大奇景 3

艾菲索斯的
阿提密斯神殿

以 宏 偉 壯 觀 聞 名 的 古 希 臘 最 大 神 殿

神殿的建築是在各種既定的作法中建造起來的，舉例來說，柱子的底面直徑與高度間的平衡是根據柱子的形式作決定。阿提密斯神殿中如此完美的平衡設計，可說是將愛奧尼亞式柱發揮至極致。

讓人見識到艾菲索斯富裕的神殿

高 18 公尺的愛奧尼亞式大理石圓柱，有如森林裡的巨木般排列聳立。光是聽聞神殿的圓柱實際上有 127 根，就可以想像阿提密斯神殿有多麼的宏偉壯觀。

艾菲索斯可說是小亞細亞最富庶的城市。因此，西元前六世紀興建於此地的最大神殿，可說是當時民眾的共同生活中心。

此一神殿被賦予比任何事物都神聖、不可侵犯的聖域地位。據說，當時許多人都到神殿避難，因為在這裡不必擔心被抓或是受到迫害。此外，有錢人會將貴金屬或藝術品、寶石、貨幣帶進神殿，甚至寄放在那裡。神殿則利用這樣的資金來源進行有如現代銀行業般的金融活動。

由於神殿對當時人們的生活具有如此重要意義，所以在富裕之城艾菲索斯，神殿集合了建築技術的菁華。在建築家赫西福隆（Chersiphron）的規畫下，神殿的建築持續

進行。他還想出了許多點子來完成這座宏偉的神殿。例如，為了要搬運巨大圓柱用的大理石，將大理石切割成車輪狀裝在貨車上滾動地運送，為了在圓柱上加橫梁時，圓柱不會因承受不了重量而毀壞，中間加了沙袋，然後將沙慢慢漏掉，就可以減緩衝擊。此外，赫西福隆還邀請了當代屈指可數的頂尖雕刻家到艾菲索斯為神殿雕刻。

赫西福隆的兒子邁塔根（Metagenes）接手神殿的建築工程。史上曾留下一段關於他的傳聞：由於精神壓力太大，邁塔根曾想過自殺，但在夢中夢到阿提密斯女神現身，使他放棄了自殺的念頭。

將因火災燒毀的神殿重建為最大的神殿

可是，如此歷經二十年艱辛歲月才誕生的藝術神殿，壽命卻意外地短暫。西元前 356 年，由於一位名叫赫羅斯托拉特的人想要留名青史，竟然放火燒毀了神殿。但自古以來即是

現在的阿提密斯神殿遺跡

從深 4.5 公尺的河川淤泥中挖掘出來的阿提密斯神殿遺
址，現在只聳立著一根修復的大理石柱。雖然想要緬懷此
一世界七大奇景，相當困難，但神殿周邊的戶外劇場、凱
旋門等為數不少的遺跡已被發掘出來。

和帕德嫩等古代簡樸的神殿相比較，阿提密斯神殿算是相當豪華的建築。除了裝飾著名的繪畫、雕刻之外，還有曾參與毛索洛斯墓廟的雕刻工作的史科帕斯等著名雕刻家們在圓柱上所精心製作的雕刻。

豐饒多產象徵的阿提密斯神，人們對祂的信仰並沒有因此中斷，立即著手進行重建計畫。在許多人熱情的參與和付出之下，例如，擔任過哈利卡那索斯的毛索洛斯墓廟中浮雕設計的史科帕斯（Skopas）也參加了此一計畫，還向亞歷山大大帝申請資金援助（結果雖然遭拒），西元前四世紀快結束的那一年，這座 114×55 公尺的巨大神殿終於重建完成，之後還名列為世界七大奇景。

可是，重建之後的阿提密斯神殿依然磨難不斷。不但有哥德人覬覦神殿內的財富而前來搶奪，人們還將當建築材料的大理石轉為其他用途，加上基督教普及後興建教堂等。阿提密斯神殿就這樣在歷史洪流中被淹沒而消失無蹤。

後來，英國人約翰‧塔德魯‧伍德熱衷發掘此一傳說中的神殿。身為建築家的伍德，於 1858 年為了鐵路建設來到土耳其，從此下定決心挖掘此一遺跡。在大英博物館的贊助之下，他花了二十年歲月持續追蹤阿提密斯神殿的軌跡。

伍德不斷嘗試挖掘數十個地方，終於在第六年發現了神殿的牆壁。之後，其妻子也加入，並對工作人員下達指令。夫婦兩人持續努力的結果，終於挖掘出神殿的圓柱、白大理石的鋪石。

雖然有人認為，如果他們就這樣持續下去，一定會有更多的發現。但不知為何大英博物館的查爾斯‧紐頓突然中止此一挖掘作業。查爾斯‧紐頓曾發現毛索洛斯墓廟。儘管如此，伍德還是投入自己的資金繼續挖掘。可是從開挖算起的第二十六年，此一挖掘工作停頓。因為伍德去世，享年七十歲。

此後，在 1904~05 年的發掘中，發現了亞歷山大大帝時期以前的神殿遺跡，還有眾多的裝飾品。對伍德來說，這些有助於解開歷史的貴重文物，也無疑是個遺憾。

艾菲索斯

擁有千年榮耀的希臘化時期大城市

　　艾菲索斯是古地中海的主要都市之一，也是現今土耳其的第三大都市，從伊士麥開車往南約一個小時，就可抵達位於艾菲索斯郊外的塞爾柱克（Selcuk），這裡開放的遺跡群，供人緬懷當時的繁盛景象。

　　艾菲索斯在現在的土耳其稱為艾菲斯（Efes），英語則是「Ephesus」。此外，在希臘語中也寫成艾帕索（Apasa）。

　　到目前為止，還不清楚此一希臘化時期的大城是何時興建的。西元前十二世紀左右，

愛奧尼亞人（Ionian）移居此地，形成一個城邦。但根據西臺（Hittite）文獻的記載，以及發現屬於邁錫尼文明的陶器來看，當時應該已有艾菲索斯這個城市之名，而其歷史可溯至更古老的西元前十五~十六世紀。另一傳說是，艾菲索斯是由女性部族的亞馬遜人（Amazonlar）所開闢的城市。據說，亞馬遜人信仰的就是女神阿提密斯，而艾菲索斯在古代也因阿提密斯信仰而有名。

　　艾菲索斯原本是個港灣城市，由於泥沙慢

慢淤積的結果，現在的遺跡位於距離海岸五公里之遠的內陸。雖然此地靠貿易賺取財富，但周邊也適合從事農業，從經濟的觀點來看，是非常豐饒的土地。

不知是否受到土地豐饒之賜，艾菲索斯的歷史悠久，早在西元前九世紀就因神殿的建設，繁華熱鬧。在阿提密斯神殿建造完成的西元前四世紀末時，據說此地已居住了二十萬人。此外，此地也留下不少亞歷山大大帝、克麗歐佩特拉等偉人前來造訪的傳聞，這些傳聞也顯現出此一城市的重要性。

亞歷山大大帝之後，艾菲索斯成為希臘化時期的城邦而興盛繁榮，西元前二世紀，納入羅馬帝國的版圖，成為小亞細亞的首都。艾菲索斯最繁榮的時期是在羅馬帝國時代，既是羅馬東地中海貿易的據點，也擔任絲路的終點站的角色。其實，現在仔細瀏覽艾菲索斯的遺跡，可以發現羅馬風格比希臘風格的還要多。

其後艾菲索斯於西元二六九年，受到日耳曼民族之一的哥德族（Goths）的侵略，阿提密斯神殿受到破壞。此外，艾菲索斯也是最早輸入基督教的地方。四世紀羅馬認可基督教以來，此地就漸漸成為宗教會議的舞台。另一方面，由於禁止人們信奉基督教以外的宗教，神殿等都被拆除挪為建材等其他用途。自羅馬帝國分裂之後，艾菲索斯便成為東羅馬帝國的小亞細亞首都，得以持續繁榮下去。

不過，到了七~八世紀，由於波斯和阿拉伯人的勢力變強，艾菲索斯的安全屢次受到威脅，最後還遭到東羅馬帝國手　棄。於是，這個因神殿建設繁榮了近二千年的城市，終於在歷史上正式落幕。

之後超過一百年以上，進入二十世紀之後，才有人對艾菲索斯遺跡進行發掘。

① 現在艾菲索斯仍在持續修復中。據説，修復計畫是由大英博物館贊助的。② 面對著大劇場的通道。這條通道曾直達海港。③ 位於市街上的音樂廳。④ 羅馬式的馬賽克地板。⑤ 賣春站的廣告。據説，當時腳比此腳印小的男人不得進入。⑥ 音樂廳周邊的步道。

塞爾瑟斯圖書館

　　這座二十世紀初期發現、1970 年代修復完成的圖書館，是現存的艾菲索斯遺跡中最壯觀的建築。此一雙層建築的特徵是上下分別有八根柱子，而且上半部是組合柱式（composite order），下半部則是科林斯式柱，但據説，實際的建築是平房。

　　這是羅馬帝國小亞細亞總督塞爾瑟斯死後，他的兒子自西元 117 年花了三年時間在父親墓地上所建造的墓廟建築，圖書館中約收藏了一萬二千冊的書籍文物。

哈德良神廟

西元二世紀，獻給羅馬五賢帝（Five Good Emperors）之一的哈德良皇帝的神殿。此神殿不僅保有四根科林斯式柱，門楣上還可看見蒂克（Tyche）女神或美杜莎等的雕刻。

大理石道

艾菲索斯顯眼的一條通道，始於大劇場，經由塞爾瑟斯圖書館，直達赫克力士門，一路都是平緩的上坡。沿途可以參觀哈德良神殿、圖拉真之泉等許多的觀光景點。

古代的公共廁所

羅馬時代公共廁所的遺跡。上廁所的人背牆而坐，下面有水流經過。據説，當時人們上完廁所後是用海綿擦拭屁股。

赫克力士門

位於大理石道盡頭的赫克力士門。左右成對的柱子上有赫克力士的雕刻。此門的對面有市集、市政廳、音樂堂等。

圖拉真之泉

為了獻給羅馬皇帝圖拉真，於西元102~104年建造的溫泉。據説，中央立有一尊圖拉真雕像，泉水會從其腳邊流出。

世界七大奇景 4

哈利卡那索斯的
毛索洛斯墓廟

石匠們追求藝術之美與技術而完成的壯麗建築

前所未聞，成為陵墓之字源的墓廟

　　古今中外大部分為政者、權力者都懷有建造巨大建築的強烈欲望，無非是想在死後也留名青史。結果使得世上產生了幾座優秀的建築物，但其中最讓人津津樂道的就是建在哈利卡那索斯的毛索洛斯墓廟。

　　小亞細亞卡利亞（Caria）王國的首都哈利卡那索斯，是歷史學家希羅多德的出生地，現在在土耳其共和國則稱為博德魯（Bodrum）。卡利亞王國的總督毛索洛斯以嚴格徵稅馳名，得到許多財富。他利用這些財富，在生前就開始建造自己的墓廟。這是西元前四世紀中葉的事。

　　根據構想，此一墓廟為長方形建築，寬約66公尺、長約77公尺、高約40公尺。墓廟的所有牆面都有長形的雕刻花紋，或是裝飾著動物、人類、神明的雕像，整體看來宏偉又壯觀。

　　在古希臘，由於忌諱將陵墓當作死者的家，原本建於郊外的陵墓改建在市中心，並融合當地文化與希臘的建築及雕刻。為了這個墓廟，毛索洛斯邀來一流建築家普夫奈與撒契爾，並聘請史科帕斯（Scopas）、伯亞克西斯（Bryaxis）、提莫西亞斯（Timotheus）、李奧查理斯（Leochares）四位一流的雕刻家進行墓廟的雕刻工作。可是，毛索洛斯尚未等到墓廟完成（西元前353年）便去世。之後，由他的妻子阿提米希亞（Artemisia），還有他的子孫接手完成，但此一宏偉的墓廟在完成前就已成為眾人討論的話題。

集合當代一流雕刻家技術菁華的裝飾

　　由於此一墓廟，此後古羅馬人都將大型宏偉的墓碑總稱為「Mausoleum」。「Mausoleum」一詞影響深遠，在現代歐洲甚至被解釋作陵墓之意。

　　在由三十六根愛奧尼亞式圓柱所支撐的墓廟中，最令人讚賞的是其內部超過一百尊的雕

以當代一流技術創作的雕刻

墓廟的雕刻,是由史科帕斯、伯亞克西斯、提莫西亞斯、李奧查理斯四位雕刻家共同參與,他們分別負責墓廟的東西南北牆面。據說,連國王毛洛索斯與女王死後,為了將此榮耀與傑作留給後世,持續進行墓廟建造作業。還有聳立於屋頂上的四馬戰車,則由另一位雕刻家皮底奧斯負責。

現在的哈利卡那索斯‧博德魯姆

哈利卡那索斯現在稱為博德魯姆,是土耳其屈指可數的休閒地,夏天會有許多來自歐洲的觀光客。此地現在除了 1402 年在十字軍的壓制下建造的博德魯姆城堡外,還留下不少歷史建築物。墓廟的所在地就位於照片中央附近的綠地上。

像。但完整被挖掘出來的,只有現存在大英博物館內的男女雕像各一(有人認為就是國王毛索洛斯和王妃阿提米亞像)。這些雕像所展現的生命力,充分表現出雕刻家們的技藝。

可是,除了雕像以外,生活在現代的我們並無緣見到墓廟其他的任何痕跡。由於此地遭遇過幾次地震,墓廟的牆面早已崩塌,而十五世紀入侵此地的十字軍更重創了墓廟的建築。

這些占領了小亞細亞地區的十字軍,將墓廟上的大理石拆下來燒成石灰,拿來當建造聖彼得要塞的建材。因此,四位著名雕刻家的許多雕刻傑作、浮雕等都埋藏在聖彼得要塞的城牆裡。

可是,之後擊敗十字軍的土耳其軍於同一地點建造了博德魯姆城堡(Bodrum Castle)。由於在城堡中發現了描繪希臘人與亞馬遜族戰鬥的大理石浮雕,任職於大英博物館的查爾斯‧紐頓趕赴當地,在 1856 年開始著手發掘墓廟。如之前的描述,一開始發現的是兩尊雕像,之後陸續挖掘出為數不少的碎片或浮雕、圓柱的柱體(drum)等。但最後他找到的竟是諸多記載著將墓廟的大理石燒成灰的紀錄。事實上,歷經一千八百年歲月的毛索洛斯墓廟,在十字軍的摧殘下,從世上消失無蹤。

不過,反而是關於這座墓廟的資料留下較多。正因為如此,如今才得以將這墓廟重現到某程度,包括它那閃耀著大理石光輝的金字塔型基座,並排著愛奧尼亞式圓柱的神殿,以及在神殿之間、屋頂、金字塔基座的雕像,還有出自皮底奧斯(Pithios)手筆、裝飾在屋頂上的四馬戰車像等等。

貝加蒙

希 臘 化 時 期 的 巨 大 城 市

貝加蒙衛城建於標高 333 公尺的高台上，南北寬約 2 公里左右。其中，由具有宮殿、神殿、圖書館等的上市，主要供市民使用的體育場為主的中市，以及下市所構成的。如同文字的描述，整個衛城的構造是從上往下慢慢下降。

① 上市的雅典娜神殿。
② 據説收藏 17 萬冊書的大圖書館遺址。
③ 位於中市的體育場。
④ 可容納一萬人的大劇場。
⑤ 從上市往中市方向的古道。
⑥ 在古道途中看到的山羊，完全不知此地過去的榮光。
⑦ 國王宮殿遺跡。

　　從臨愛琴海的土耳其第三大都市伊士麥搭車約 2 小時，就可以抵達貝加蒙。雖然今天它只是個十萬人口的小城，但在希臘化時期則是著名大城市之一。

　　貝加蒙的歷史悠久，西元前八世紀時就有人在此定居。但它真正出現在歷史上則是西元前四世紀。在亞歷山大大帝死後的繼承者戰爭中，貝加蒙是由亞歷山大大帝最得力的部下利希馬科斯（Lysimachos）所統治。結果，卻由利希馬科斯的部下菲勒泰洛斯（Philetaerus）開啟了貝加蒙王國的阿塔利德王朝（Attalid Dynasty）的歷史。

　　貝加蒙王國是靠貿易特權等經濟活動而繁榮的國家，也熱衷保護學問與藝術。因此，與埃及的亞歷山卓並列為希臘化文化的中心地，聚集了許多文化人士。特別是雕刻方面，一流的雕刻家齊集，因而產生了所謂的「貝加蒙派」。

　　雖然貝加蒙王國只建國 150 年就納入羅馬帝國，但在羅馬帝國的庇護下，它持續繁榮，直到西元八世紀初仍保有小亞細亞的大城地位。

　　現在的貝加蒙遺跡是由德國人在十九世紀進行挖掘的。但在這片廣袤的土地中，我們只能透過斷壁殘垣的建築來了解貝加蒙，說不定還需要相當的想像力來懷想當時雕刻能手雲集的盛況。可惜的是，挖掘出來的遺跡大部分都由負責挖掘的德國人帶回自己國家。目前，貝加蒙雕刻的代表建築之一──為了紀念尤米尼斯二世（Eumenes II）擊敗加利亞人（Gallia）的戰爭所建的大祭壇等、為數不少的貴重雕刻或紀念碑都展示在柏林的貝加蒙美術館。

　　不過，一登上建於高台上的衛城，眼前看到的就是當時居住在此的人們見到的景致，自然可激起觀賞者的想像力。

羅馬皇帝哈德良為了供奉先帝圖拉真所建造的神殿。
這座以白色大理石建造的科林斯式神殿，為兩位皇帝
作禮拜的場所。

希拉波里斯‧棉堡

純白的石灰岩棚與溫泉養生地

城市的主要街道。

① 位於北端顯眼的圖密善門（domitian），已明顯呈現出羅馬式樣的建築。

② 位於街北盡頭的埋葬場，並排著一千座以上的墓，是古代最大規模的公共墓地。

③ 在北拜占門與圖密善門之間的商業中心區裡有市集。照片是市集的公共廁所遺跡。

隔著主要街道，位於南側的北拜占門（Bizans）。

從伊士麥往東南行約 250 公里到德尼茲利（Denizli）市，再搭車約 20 分鐘左右，就可以看到一片綿延數百公尺、難得一見的白色大地。這就是登錄為世界遺產的棉堡的石灰岩棚。

棉堡原文「Pamukkale」，具有「棉之城」的意思，雖然據說是因為這一帶曾是棉花的產地而得名。但一看見那巨大、雪白的石灰岩棚，美得令人讚歎，就可以知道地名就是取自這片石灰岩。

究竟這石灰岩棚是怎樣形成的呢？應該與溫泉有很大的關係。其實，這一帶是溫泉地，從台地上流出溫泉的石灰成分，經過長時間而凝固變成白色岩石。

雖然看照片也可以理解，但如果親眼見到這片雪白之地，會覺得像是把整座雪山移到此地，其實石灰岩棚是溫暖的。

棉堡現在仍有溫泉湧現，經常可見穿著泳裝的觀光客在享受溫泉浴。由此地往西行 5 公里的卡拉哈伊特（Karahayit），有為數不少的溫泉休閒飯店，當然吸引了許多歐洲人，還有來自世界各地的人們（但據說近年來飽受泉水不足的困擾）。

其實，像這樣泡溫泉的習慣，在古代也是一樣。另外，還可到石灰岩棚的隔壁參觀，據說是貝加蒙王尤米尼斯二世於西元前 190 年所建造的「希拉波里斯（Hierapolice，神聖城市之意）」遺跡。

在羅馬時代，此一古城也和現在一樣是以溫泉養生地而繁榮，也是大家都知道的神諭之地。其中的圓形劇場可容納一萬二千人，所以大致可以了解其規模大小。希拉波里斯直到西元 1354 年的地震而變成廢墟為止，持續繁榮了一千年以上。

棉堡的石灰岩棚，有時會像這樣蓄著溫泉，而有穿泳衣的觀光客在
此入浴。從照片看來好像不大，但實際上此一石灰岩棚非常宏偉。

世界七大奇景 5

亞歷山卓港的
法洛斯燈塔

古世界最高的建築，也是史上最高的燈塔

現在的亞歷山卓

埃及第二大都市亞歷山卓，依然充滿古代氛圍的都會。從 2001 年開始也允許一般人潛水，所以觀光客也有機會去發現水中的遺跡。

現在也是最高的燈塔，沒有其他燈塔超越它

西元前 332~331 年，亞歷山大大帝創建了世界級的最大城市「亞歷山卓」。亞歷山卓是世上最早的計畫都市，道路為棋盤狀設計，也是繁榮的商業、藝術、科學中心。亞歷山卓有各式各樣的學術設施，其中最出名的就是藏書量號稱有七十萬冊的大圖書館。而對此地的發展貢獻最大的，就是建於亞歷山卓沿岸法洛斯島上的法洛斯燈塔。

就像人們所言的「被剝奪了乳房的嬰兒攝取不到營養，就無法成長。城市也一樣，如果城牆內沒大量的稻田和穀物，就無法發展。」亞歷山卓從當初在做規畫時就最重視貿易。因此，總覺得有必要建造出成為城市標記的建築。

當時的航海術，基本上還是靠目測。在航海安全上必要且不可欠缺的就是從海面上看得到的小山丘、山巒等。可是，埃及的海岸線並沒有這些特徵，荷馬的《奧迪賽》中記載：「坐船的人都認為長年以來航行在埃及沿海是危險的。」所以將法洛斯燈塔建造成為城市標記，就是為了考量能安全地將船引進港灣。

燈塔的建設實際上是在亞歷山大大帝之

開比特碉堡被當成是有燈塔的地方

1477 年,馬穆魯克王朝的蘇丹阿修拉夫·開比特·貝在燈塔遺跡上興建碉堡。利用燈塔毀損的大理石建成的海軍博物館,現在也閃耀著絢麗的光輝。

後,於托勒密一世(Ptolemy I Soter,西元前 367~283 年)時代進行的,約耗費了 800 塔拉頓(talent,古希臘、古羅馬時代的貨幣單位)於西元 279 年完成。實際高度有 120 公尺的法洛斯燈塔,直到現在都還沒出現超越過它的燈塔,所以可說是世上最高的燈塔。

56公里遠的地方也看得見的燈光

燈塔的構造由三個部分構成,底層是 60 公尺長的長方形基座,其中建有供守衛燈塔的士兵、載運燃料的馬或驢等動物居住的房間,其上是高度約 30 公尺的八角形塔,最上面則蓋了約 20 公尺高的圓筒狀圓頂,當作點火燃燒的火炬室。在火炬室的熊熊火焰後面,據說有個中國製的鐵板或坡璃、具有反射板效用的凸面鏡。根據當時的文獻,距離約 56 公里的地方也能看到燈塔發出的光。

從底層到火炬室,建築內部全部以斜坡連接,所以可利用牲畜來搬運燃料或水。不過,法洛斯燈塔在完成當時,實際上只是火炬室,

真正具有燈塔的機能是在約三世紀以後的事。

順道一提,塔頂曾擺放一尊約 7 公尺高的青銅像,據說這是海神波塞頓的雕像,但除此說法外,也出現了是救世主宙斯、太陽神等的說法。

在法洛斯燈塔中,還留下無數的傳聞。

舉例來說,火炬室的凸面鏡,據說可以用來當作日光儀(heliograph,以光的訊號來通訊),或是用來聚光,使敵船燃燒或是觀察遠方事物。據說,立於塔頂上的波塞頓像經常指出太陽的位置,一旦太陽西沉,他的手就會放下。此外,雕像還有一旦發現敵人就會指示船隻,或是一旦接近就發出警告聲的功能等。但現在尚未有可以確認這些傳聞真實性的技術。

之後,燈塔因地震、其他民族的攻擊而漸漸崩壞,1375 年的地震更使得燈塔坍塌,只留下基底部分。不過,後來在燈塔遺跡上建造開比特要塞碉堡(Citadel of Qaitbay)時,陸續從海底發現屬於燈塔的大型花崗岩石材、雕像,所以期待今後能更解開此燈塔的奧祕。

如果，現在燈塔還在

現在世上最高的燈塔是橫濱海洋塔
（Yokohama Marine Tower，106公尺）。
比橫濱海洋塔還高的法洛斯燈塔，如果
還存在，就會成為世界最高的燈塔。而
二十世紀初德國學者提厄休所描繪的復
原圖成為許多建物的主題。

CG

埃及・吉薩金字塔群

現今唯一留存下來的奇景

卡夫拉金字塔

卡夫拉金字塔擁有「卡夫拉是偉大的」的古名。此金字塔的底邊長 215 公尺、高 143.5 公尺，由於建造在比古夫金字塔高 10 公尺的岩盤上，雖然看起來比古夫金字塔大，但實際高度比古夫金字塔少了 3 公尺，且一邊約小了 15 公尺左右。現狀的特徵是接近塔頂還存有部分原始磨光的石灰岩，但地基部分則可以看見磨光的花崗岩痕跡。其周邊的其他設施也保存良好，從河岸神廟到通過人面獅身像的通道、祭殿等都很容易想像當時的樣貌。據說建造這座金字塔的卡夫拉法老王，是古夫法老王的弟弟，但有學者提出這位與古夫同父異母的兄弟，曾成功陰謀篡奪王位。

古夫金字塔

由西元前 2551 年即位的古夫王所建造的「大金字塔」，是古埃及最大金字塔，第四王朝時代稱為阿凱特‧古夫（古夫地平線）。以非常美麗均整的四角形著稱而稱為「真正的金字塔」。

聳立於吉薩最北邊，從其所在位置來看，似乎是第二大的金字塔，但實際上這是三座金字塔中規模最大的一座。現存的基座長度為 212.48 公尺，但建造時的尺寸，底邊長為 230.33 公尺、高 149.59 公尺。創建當時，其表面覆蓋一層磨光的石灰岩，據說金字塔頂端曾貼有黃金，可以想像經過太陽光的照射，整座金字塔眩目耀眼。基本使用的石材是石灰岩，數量將近有 300 萬個，石材的平均重量為 2.5 噸。現在，金字塔頂約消失了 9 公尺。

曼卡拉金字塔

　　位於最南側較小型的金字塔就是「曼卡拉金字塔」。這座被命名為「曼卡拉是神聖的」的金字塔，是三座金字塔中最小的，其大小約為古夫金字塔的十分之一。

　　雖說是最小的一座，但底面積仍有 102.2 公尺×104.6 公尺，高 65~66 公尺，絕對不算小，旁邊還有三座王妃金字塔。

　　相較於其他兩座金字塔的通道是傾斜的，只有曼卡拉金字塔的通道是筆直，良好的平衡架構也優於其他兩座。此外，曼卡拉金字塔的基座是以古埃及備受尊崇的紅色花崗岩所裝飾。

曼卡拉金字塔

卡夫拉金字塔

古夫金字塔

祭殿

王妃陵墓

通道

河岸神廟

貴族平頂石墓

人面獅身像

N

吉薩金字塔群的複合建築配置圖

　　金字塔群在建造上的重要要素就是基本方位。古夫金字塔建於相當正北的位置上（圖中的右側），而三座金字塔的東南角幾乎是在對角線上。此外，古夫與卡夫拉金字塔的西邊（圖的上側）與卡夫拉和曼卡拉的祭殿（Funtrary Temple）的正面幾乎是在同一條線上，卡夫拉金字塔的南端是與人面獅身像的南面牆壁呈一條線。

　　金字塔表面覆蓋著光滑石灰岩，建設當時經由陽光的反射，是多麼絢麗耀眼。金字塔既是埃及兼具統治者與神明身分的法老王的建築，同時也是古埃及太陽神信仰的象徵。

　　包括相當於金字塔守衛角色的河岸神廟，兼具正面入口、中庭、接待處、食堂等作用的祭殿在內，金字塔的內部說起來不過就是私室。換句話說，金字塔並非單一的陵墓建築，而是包括附屬設施在內的複合式建築。

四千五百年前建造的世界最大遺跡

在費隆的「世界七大奇景」中,現在唯一還保留當時樣貌的就是埃及吉薩的金字塔群。

距離現在埃及首都開羅市西邊相當近,聳立於吉薩一地的三座金字塔,分別是最北邊的「古夫金字塔」(Pyramid of Khufu)、「卡夫拉金字塔」(Pyramid of Khafre)、「曼卡拉金字塔」(Pyramid of Menkaure)。據說,這是距今四千五百年前,即西元前二千五百年左右三位埃及法老王所建造的金字塔。

最大的古夫金字塔是寬 230 公尺、高約 150 公尺的巨大建築,完全不輸給現在的建築規模。想想在沒任何機械工具的四千五百年前,這真是令人難以置信的偉大工程。此外,「Pyramid」一詞是希臘語,據說古埃及人將吉薩的金字塔群稱為「偉大的東西」或是「太陽出沒的地方」等等。

此外,一向給人「金字塔是法老王之墓」的印象,據說早已是「傳說故事」。

「法老王之墓」說法的起源,是根據西元前五世紀左右希臘歷史學家希羅多德所寫的《歷史》。希羅多德記載,這是聽自當時埃及神官的敘述。不過,當時金字塔的建造已經過二千年的歲月,所以其可信度待商榷。儘管如此,後世相信金字塔中藏有法老王的棺木和金銀財寶,但至今尚未發現任何可確認金字塔是

墓地的證據。

事實上,將金字塔視為法老王之墓有許多牽強的地方。例如,在古夫金字塔的中心有個空間稱為「法老王房間(玄室)」,但裡面存放的只是長方形的石棺。雖然這個石棺被稱為「王之棺」,但上面既沒有蓋子也沒任何雕飾。法老王的棺木不可能是這麼粗糙的製品。

雖然金字塔還存留著許多疑問,但最近許多的學者都有個一致的看法。那就是金字塔並非獨立的建築,而是配合周遭各種設施構成的複合性建築物。

我們可從三座金字塔及其周邊建築發現許多暗示此一說法的形跡。目前可確認的一點是,各金字塔是各法老王為了彰顯自我名號所建造的,所以它並非單純的「巨大墓石」,而是具有更大意義的宗教場所。在現代,有人構想應稱為「複合金字塔」,具這樣機能的可能性反而比較大。

另有一說是,由於尼羅河經常氾濫,從事農業的人民在一年當中有數個月無法耕作,所以金字塔建設是針對這些失業者實施的對策。這些人民被安置在居住區,他們還可以將妻子和兒女接來一起住。從近年來的發掘中就陸續發現了許多可證實當時負責金字塔建設的勞工生活的遺跡。

金字塔的構造 ❶

河岸神廟

　　如同字面的意思，建在金字塔入口、面對港口或是運河的建築，連接著一條或兩條傾斜的道路。內部是由前室、前廊或中央大廳、倉庫所構成。舉行葬禮時，將法老王遺骸以船送至河岸神廟前並不會仔細處置過，而是送到之後才進行去除內臟、乾燥等木乃伊的製作。河岸神廟被認為是具此作用的設施，但依目前已挖掘的八個地方的調查結果，還沒發現任何能證明這裡是用來製作木乃伊過程的證據。

金字塔的構造 ❷

通道與祭殿

　　從河岸神廟延伸到祭殿的朝聖之路，通常附有屋頂，外側則飾以浮雕，長度不一，但最長的古夫金字塔通道也有 739.8 公尺。位於正面，也稱為「金字塔神廟」的祭殿為長方形，被認為是實際用於法老王葬禮的空間。

　　然而，由於神廟的各房間與門口的寬度太過狹窄，很難讓喪葬行列通過，現在主流的看法都認為，這裡是法老王們日常為了追思神明的禮拜場。此外，祭殿的房間設計幾乎與王宮一樣，被認為是亡故法老王永遠的居所。

 金字塔的構造 ❸

王妃陵墓

　　吉薩的古夫與曼卡拉金字塔前，還分別建造了三座的王妃陵墓。古夫王的王妃陵墓，底邊與高度都只有古夫金字塔的五分之一。此外，也有稱為祭殿的小禮拜堂，且墓室並不在金字塔的內部，而是在底部。而曼卡拉王的王妃陵墓，其中一座是套用角椎形的小型金字塔，內部收藏著石棺。其他兩座則建成梯級金字塔，不清楚是否因為還沒有完成。

 金字塔的構造 ❹

貴族平頂石墓

　　平頂石墓（Mastaba）埋葬著「在國王心目中是優秀者」的人，包括王族、總督、顧問官等。這類陵墓只在外側牆上斜鋪曬過的泥磚，內部有地下通道，墓室設在底部。

　　平頂石墓是金字塔的前身，裡面通常有一條垂直通道深入地下之門的構造，初期的平頂石墓也有被當成法老王的墓。此外，「Mastaba」一字在阿拉伯文中代表「長凳」之意，很符合平頂石墓的外形。

巴比倫的空中花園

無法證明其真實存在的國王庭園

古代大城‧巴比倫的「懸吊在空中」謎一般的庭園

在自古以來就引發世人無限想像的「七大奇景」中，「巴比倫的空中花園」存在著特別多解不開的謎。總之，古籍中雖然有這座空中花園的記載，但到目前為止尚未發現任何有關庭園真實存在此地的物證。

位於現在的伊拉克、巴格達南方約 88 公里處的巴比倫，據說是西元前 1800 年代興建的古城。此後，巴比倫受到不同帝國的統治，在西元前 600 年的新巴比倫王國時代，是面積達 10 平方公里的世界最大城市，不但築有超過 12 公尺高的圍牆，還設計出伊斯塔城門（Ishtar Gate）等八道城門、宮殿等，整座城都依據很棒的城市建設計畫建造。此城也入選費隆的「世界七大奇景」中。

穿過以塗上青釉燒製出來的青煉瓦堆疊

十三層、並裝飾著共有 575 隻龍與公牛像的伊斯塔門，還要經過 800 公尺的行進路，如此寬敞的格局，難怪連稱為「歷史之父」的古希臘歷史學家希羅多德也感歎地讚美說「這是自己所見過最美的城市」。進軍此地的馬其頓的亞歷山大大帝也被這城市的美感動，而考慮將首都遷至此地。西元前 323 年，再度造訪巴比倫的亞歷山大大帝，目標是要進攻埃及，但因身體突然不適，留在空中花園靜養，沒想到卻在此永遠長眠。

在美麗的巴比倫城中，特別吸引人注意的，就是舉世聞名的空中花園。據說，這座空中花園是新巴比倫的國王尼布甲尼撒二世（Nebuchadnezzar II）建造的，因為他不忍看見王妃阿密提絲想念祖國米底亞‧阿特羅帕特奈的青山綠水，為了減輕她的鄉愁而建造這個庭園。在炎熱的巴比倫突然出現一座庭園，就像荒漠中的綠洲。也有文件記載，此一空中

現在仍殘存於伊拉克的烏爾城塔廟的遺跡

左圖是現在仍殘存於伊拉克烏爾城塔廟的遺跡，供後世憑弔當時的建築氛圍。

花園「是懸吊在空中」。

現在尚未發現空中庭園的真實證據

　　當然，現實上庭園是不可能浮在空中的。現在有人認為，該不會是將希臘語中的「terrace（露台）」誤譯為空中，所以才有此名稱。巴比倫空中花園位於邊長 120 公尺的四方形土地上，建築樣式為四層台階式的花壇，上面遍植植物。

　　要在巴比倫乾燥的大地上建造庭園，並將水引到 15 公尺高的花壇，在上面鋪滿泥土、種植植物，應該需要相當的灌溉和建築技術。就算擁有現代技術，二千六百年前是否可能完成如此偉大工程，還是個謎。

　　何況，在空中花園存在的尼布甲尼撒王時代，並沒留下任何有關空中花園的記載。連希羅多德也只褒獎巴比倫城的美輪美奐，卻沒提到任何有關空中花園的事。事實上，尼布甲尼撒王去世後經過 150 年以上，「空中花園」才出現在文字資料上。因此，也有人指出，空中花園是重啟了古希臘以「伊甸園」為開端的「paradise（天堂）」神話。

　　德國遠東協會的羅伯・科特威（Robert Koldewey）博士極力想要解開此一謎題，很有毅力地花費了二十年以上的歲月持續在此地挖掘。但他在伊斯塔城門附近發現的，被認為是空中花園遺跡的建築基礎，後來卻在認為是油或小麥配給表的楔形文字黏土板出土之後，被斷定是儲藏庫。從此以後，到目前為止尚未挖掘出任何有關空中花園存在的證據。

　　不知是否因為磚塊是黏土製的，如今已腐朽了！還是空中花園根本就是憑空想像的！總之，巴比倫的空中花園直到現在仍蒙上一層神祕面紗。

古代最大都市巴比倫

古代最大都市巴比倫的復原想像圖。後方是記載於聖經上的巴別塔，實際上當時是祭祀巴比倫王國的主神馬都克的神殿。高度達 91 公尺。

相距二千五百年以上的建築競技演出

如果，世界七大奇景現身東京

**移植到現代也不會有不協調感的
規模和完成度**

　　世界七大奇景是眾所公認的古代傑出建築。在既無起重機、卸貨卡車，也無電腦可以計算強度的時代，人類竭盡智慧與勞力，創造出令觀者驚嘆的建築作品。即使在現代也少有建築可與之類比。

　　那麼，大家是如何看待這七大奇景呢？之前頁面中的圖像是重現七大奇景在其所處年代的模樣，然而我們對於當時的社會及該有的生活樣貌只知皮毛，欠缺要如何加以定位的真實感。有鑑於此，接下來我們將以「如果世界七大奇景現身東京」的假設前提下，試著利用數位影像合成身旁的景物和七大奇景。

　　詳情可以參閱以下頁面的影像。而從這些影像中，大家可以了解到，儘管是距今二千五百年前的建築，移植到東京後卻不會讓人感覺不協調或顯得遜色。當然，另外還有許多現在看來仍歎為觀止的建築。

　　七大奇景重看一遍仍舊驚豔不已，但別忘了這些建築可是極盡奢華之能事而建造的。也許不透過數位影像而親眼目睹這些遺址時，會覺得以經濟效率為優先考量的現代建築有股說不出來的乏味感（當然時代背景不同，不能單純做比較）。

　　觀賞佇立於東京的七大奇景風貌，突然禁不住地思考所謂文明的進步究竟包含了什麼意義。

吉薩金字塔群 VS. 東京車站

有「紅色磚瓦站房」之稱的東京車站丸之內側站房，於西元1914 年完工，現被指定為重要文化財。當時號稱長 335 公尺、高 46 公尺，建築兩端的南口和北口呈圓頂狀。二次大戰時因損毀而由原來的三樓建築改建成目前的兩樓。南口和北口之間的距離幾乎等同於古夫金字塔。不過，因為古夫金字塔有 100 公尺高，所以兩者在大小上給人一種截然不同的感受。

順道一提，古夫金字塔與東京車站合體的深度，是從車站的的丸之內口到反方向的八重洲口，一直延伸到八重洲中央口的圓環附近。若換算成電車的長度，則比十一節山手線的電車還多出10 公尺。

羅得斯島巨像 VS. 築地市場

　　羅得斯島的巨像高 32 公尺，現代有幾座比它更高的雕像，如美國紐約的自由女神像高 46 公尺，而俄國伏爾加格勒（Volgograd）的「祖國母親在召喚」塑像實際上有 82 公尺高。另外，東京也有所謂的三大銅像：大村益次郎像（靖國神社）、西鄉隆盛像（上野恩賜公園）及楠木正成像（皇居外苑），但僅數公尺高，不似前面幾座巨大。

　　很可惜，由於如羅得斯島巨像般大小的建築，在今天的東京顯得十分普通，所以我們試著把它放置在可凸顯出其身影的東京臨海的築地市場。築地市場的正式名稱是築地中央批發市場，占地23公頃（相當於五座東京巨蛋），一年水產交易量約 92 萬公噸，交易額近 5700 億日圓，號稱日本第一。

亞歷山卓的法洛斯燈塔 VS. 橫濱海洋塔

　　亞歷山卓的法洛斯燈塔高度推估為 124 公尺，現在看來仍然居世界之冠。那麼位居第二的是哪座燈塔呢？答案是日本的橫濱海洋塔。橫濱塔是為紀念橫濱港開港一百年而興建，於昭和 36 年（1961 年）完工。雖然主要作為觀光之用，但由於兼具燈塔的功能，目前仍在使用中。我們試著將法洛斯燈塔搬到橫濱塔的位置，沒想到竟然十分吻合。不知是否因為西洋文化發祥地的橫濱，仍殘留煉瓦和石造建築的緣故。

　　有一說是亞歷山卓的法洛斯燈塔高 560 公尺，雖然這個數據令人懷疑，但如果是真的，仍超越多倫多高 553 公尺的 CN 塔。

CG

巴比倫的空中花園 VS. 新宿車站

　　美索不達米亞第一大城巴比倫，因位居千年以上美索不達米亞文明的中心地之一而盛極一時，也曾現身於舊約聖經中，是一個經歷豐富的城市。而適合重現其空中花園的應該是位於新都心的新宿車站。

　　彷彿懸掛在半空中的空中花園，用現代話來說就是屋頂花園，當然兩者在規模上有很大的差距。我們試著將它移植到新宿南口車站附近的大樓屋頂。

　　空中花園的大小眾說紛紜，不知何者為真，估且配合該大樓的大小來合成，合成後的影像看起來並不唐突。最近經常可以看到很多綠化的大樓屋頂，説不定很快就會出現這樣的建築。

奧林匹亞的宙斯像 VS. 中庭

奧林匹亞的宙斯像全長推估約 13 公尺，東京附近可與之比擬的大概是位於鎌倉、高 13.35 公尺的長谷大佛。兩者大小差不多，但建造年代卻相差一千八百年之久。

不論是奧林匹亞的宙斯像或長谷大佛，興建當時都是置於屋內，所以我們就試著把它移入現代建築中。現代商業大樓，很多都設有被稱為「atrium」的公用中庭。古羅馬時代的私人住宅，為大廳採光及收集雨水之需，將部分屋頂開口，形成中庭，就稱為「atrium」。在現代，中庭高度超過 30 公尺（約六層樓高）的並不稀奇。希臘歷史學家斯特拉波（Strabon）曾寫道：「如果宙斯像站起來，將會貫穿宙斯神殿的屋頂」。換成今日，就算宙斯或大佛站起來，大概也不會有問題吧。

艾菲索斯的阿提密斯神殿 VS. 築地本願寺

　　古希臘的神殿有時也扮演著城市社區的功能。事實上，艾菲索斯的阿提密斯神殿不僅是人們心靈的寄託，更兼具儲存財產的銀行功能和尋求安全的庇護功能，與日本的佛教寺院極其相似。

　　那麼，我們就試將兩者做一個對比。比較的對象是位於東京築地的築地本願寺（正式名稱為：淨土真宗本願寺派本願寺築地別院）。誠如大家所見，有別於傳統日本佛教寺院建築，而採用印度風格的本堂，是在舊本堂於關東大地震中全毀後修建的，由東京帝國大學工學部教授伊東忠太負責設計，於 1934 年落成。也許是因為柱子和階梯是以希臘為主題的匠心設計，所以與艾菲索斯的阿提密斯神殿比對，並不那麼突兀。觀賞這兩座相距二千五百年的宗教建築的競技演出，你有何感想呢？

哈利卡那索斯的毛索洛斯墓廟 VS. 明治神宮

　　哈利卡那索斯的毛索洛斯墓廟為當時掌權者的陵墓。在街道中大量設置墓廟，並非希臘而是東方的習俗。藉由墓廟的威容，向往來行人展現墓廟主人的偉大。

　　在東京，可以拿來和毛索洛斯墓廟比較的應該是明治神宮。明治神宮雖然不是墓廟，但是為了追思明治天皇和昭憲皇太后的功德、接受人民的祝福而興建的，所以於大正 9 年（1920 年）11 月 1 日舉行鎮座祭。

　　圖像是將現在的明治神宮本殿置換成毛索洛斯墓廟。相較之下，明治神宮顯得格外簡約。這也許和投入的資金多寡有關，但也彰顯出明治神宮更高的精神意義。不只是明治神宮，再看看東照宮等，難道日本民眾重視的不就是藉由瞻仰故人的威儀而延續其精神嗎？

古希臘歷史講座

一起來復習現在與過去、歷史・文化的洪流吧！

古希臘人的活動足跡可上溯至西元前6500 年左右，因為希臘本土的德利薩地方、克里特島上發現了農業活動的痕跡。

歐洲文明最早是發生在愛琴海的諸島上。西元前 5000~4000 年左右，定居在基克拉澤斯（Cyclades）群島的人們，於西元前 3200年左右孕育出歐洲最早的青銅器文化。

西元前 2000 年左右，愛琴海南部的克里特島誕生了邁諾安文明。其中，最著名的是現在眾所皆知的克諾索斯宮殿。這座宮殿的特徵在於沒有城牆，顯示當時是個和平開放的社會。

西元前 2000 年左右，希臘人的祖先印歐語民族從北方開始遷移，西元前 1600 年左右在伯羅奔尼撒半島上形成邁錫尼文明。他們天性好戰，於西元前 1400 年左右入侵克里特島。還遠征地中海區域，連特洛伊等小亞細亞也成為他們的勢力範圍。

可是，西元前 1200 年左右邁錫尼文明瓦解。此後的 300~400 年間，古希臘進入稱為「黑暗時期」的混亂時代。鐵器文明的演變也在這時候。

城邦的成立與民主制度的確立

西元前八世紀左右，希臘開始形成人們居住在以衛城的小山丘為中心的城市。此一城市就等於城邦。

古希臘人因共同享有希臘語、希臘神話而稱為「Hellenes」，並蔑視非其族類的民族，將他們稱為「Barbarian」（野蠻人）。可是，古希臘人卻沒有建立統一國家，而持續不斷互相爭伐。

早期的城邦，一般都是由少數貴族掌政，其下有不隸屬貴族的市民以及奴隸。而貴族是特權階級，同時也是城邦的主要戰力。此外，只有成年男子才是市民，而對於戰勝的一方，戰爭是重要的奴隸供給來源。

最初市民並沒有參與政治的權利，但可以擁有土地或奴隸，並運用奴隸經營農地。如此慢慢產生有錢的市民，於是他們開始購買武器，自組重裝步兵，並逐漸取代貴族成為軍隊主力。因此市民的發言權逐漸擴大，形成勢力龐大的城邦。自西元前六世紀初梭倫的改革以後，雅典也承認市民有參政權。

此外，市民認為勞動是不好的，而將勞動工作交給女性或奴隸，自己則專心鍛鍊體格或

是參與議論。由於此一特殊文化背景，孕育出蘇格拉底等偉大的哲學家。後續一脈相承的，還有提倡理想國論的柏拉圖、其弟子亞里斯多德，這些偉大哲學家的思想廣及自然、人文、社會多方面，給後來的伊斯蘭文化、文藝復興、甚至是現代的西歐哲學帶來莫大影響。

希臘城邦之間除了糾葛不斷，也有來自外來的威脅。那就是統一了遠東的古波斯阿契美尼德王朝（Achaemenid Empire）。波斯從西元前 492 年到西元前 479 年三度覬覦希臘的土地，發動波希戰爭。結果，希臘的城邦聯軍雖然艱辛地獲勝，但波希戰爭讓希臘陷入更混亂的局面。

各城邦為了對抗波斯的威脅而締結提洛斯同盟，雅典成為盟主。但強大的雅典將同盟私物化，利用其資金建立了帕德嫩神殿等。此外，這時雅典服兵役的無產市民的發言權力增加，領導者佩里克利斯（Pericles、西元前 495~429 年）將民主制度完全確立，也擴及其他城邦。此外，雅典的民主制度和現代的不同，只有成年男性市民可全員參與直接民主制度。

另外稱霸一方的城邦，斯巴達則是少數市民擁有多數奴隸的社會架構。市民為防備奴隸的叛亂而非常團結，並實行嚴格的軍國主義。市民從小就為了當戰士而天天自我鍛鍊。此外，斯巴達的女性也有鍛鍊體格的習慣。於是，斯巴達成為希臘最強大的軍事城邦。

斯巴達為了對抗雅典而締結伯羅奔尼撒同

盟，並與雅典發生了兩次戰爭（伯羅奔尼撒戰爭）。加上傳染病的流行等因素，結果雅典戰敗，此後希臘的霸權就落入斯巴達手中。

亞歷山大大帝的出現與希臘化文化

可是，斯巴達的霸權也沒維持多久。西元前371年，在留克特拉戰役（Battle of Leuctra）中敗給底比斯，而底比斯也於西元前362年的一場戰爭中戰敗而失去霸權，但這時希臘城邦因連年的戰爭而耗弱。其中，希臘北部的馬其頓王菲力普二世嶄露頭角，西元前338年在喀羅尼亞之役（Battle of Chaeronea）中降服底比斯與雅典的聯軍而將希臘納入版圖。

他的兒子就是亞歷山大三世（後來的亞歷山大大帝）。亞歷山大即位之後，立即率領馬其頓與希臘聯軍出發遠征東方。他陸續於西元前332年征服埃及，西元前330年征服波斯，沒多久就建立強大帝國。可是，亞歷山大大帝也因戰爭受傷而於三十二歲英年早逝。而在他死後，帝國分裂。

此後的三百年期間，就是現在所謂的希臘化時期。這段期間，希臘文化傳播各地，與當地的文化融合而發展出獨特的希臘化文化。而希臘式城市也在各地興起，特別是埃及的亞歷山卓，成為當地的經濟、文化中心而十分繁榮。

羅馬的文化繼承與浪漫派的希臘

不過，這些國家都因為羅馬帝國的興盛而陸續納入羅馬的版圖，而羅馬則是希臘的優秀繼承者。西元395年，羅馬帝國分裂成為東西兩大帝國。希臘則成為東羅馬帝國的領土。拜占庭文化的特徵就是融合了希臘文化與基督教文化（希臘正教），通用語言則是使用希臘語。東羅馬帝國實質上就是希臘人的國家，但西元1453年，由於受到鄂圖曼·土耳其帝國的征服，被劃歸伊斯蘭教的勢力下。

另外，由於西歐各國在文藝復興時期曾重新評價希臘·羅馬文化，因此持續對近代歐洲文化造成很大的影響。

在十八世紀後半至十九世紀前半的歐洲，盛行深受古希臘文化影響的浪漫主義，許多人為了追求失去的希臘文化遺跡而出發進行探險之旅。同時，希臘也對鄂圖曼土耳其帝國展開獨立運動。據說，浪漫主義詩人拜倫（George Gordon Byron，1788~1824年）就曾參加西元1821年的希臘獨立戰爭。

這些事件在在顯示出歐洲人對希臘的追思與懷念吧！而與拜倫同樣是英國詩人的雪萊（Percy Shelley）則留下了這樣的名言：

「我們皆是希臘人！」

年代	希臘國內的發展	外國的發展	文化・文明的演進	
先史 BC 6500	希臘本土、愛琴海的農業開始發展。			**愛情海文明**
愛情海文明 BC 3000	在基克拉澤斯諸島，歐洲最早的青銅器文明成立。	埃及古王國（BC2700）建設吉薩金字塔群	基克拉澤斯文明（BC3000~2000）以黑曜石的石盤、大理石雕像等聞名。	
BC 2000	克里特島的邁諾安文明成立。印歐語民族定居伯羅奔尼撒半島，邁錫尼文明興起。	西臺帝國（BC1750）	邁諾安文明（克里特文明）（BC2000~1400）特色是濕壁畫、宏偉的宮殿。克諾索斯宮殿（BC1900）。	
BC 1600	邁錫尼王國成立（~BC1200）。	線形文字A（BC1650）、線形文字B（BC1500）的發明。用於希臘、愛琴海的交易上。	邁錫尼文明（BC1600~1200）的特徵是大規模的城塞建築式宮殿。	
黑暗時代 BC 1200~	希臘黑暗時代。由於發掘史料不全、考古學成果不彰的時代。持續300~400年間。			
城邦時代 BC 750	在雅典、斯巴達等各地的主要城市與周邊的村落聯合形成城邦。	羅慕路斯（Romulus）建立羅馬（BC753）	文字的發明（BC700左右）。荷馬（BC8世紀左右？）創作《伊利亞德》、《奧迪賽》。	
BC 650	斯巴達的萊庫格斯（Lycurgus）進行改革。制定嚴格的軍國主義律法。	亞述帝國（Assyrian Empire）統一遠東（BC700左右）	赫西俄德（Hesiod）（BC700左右）著有《神統記》（Theogonia）、《工作與時日》。	
BC 624	雅典成立嚴刑峻法（draconian laws）。		**古希臘【文學】** 三大悲劇詩人埃斯庫羅斯（Aeschylus）的《阿伽門農》、索福克勒斯（Sophocles）的《伊底帕斯王》以及尤里庇狄斯（Euripides）的《米蒂亞》。喜劇作家亞利斯多芬（Aristophanes）創作《利西翠旦》、《女人在公民大會》奧林匹亞的宙斯像建（BC433左右）。	**希臘古典文化**
BC 7世紀~	受平民支持的非合法政權的獨裁者政治（僭主政治）成為主流。	亞述帝國滅亡。帝國分裂成四部分（BC612）。		
BC 594	雅典的梭倫（Solon）進行改革。根據財產額制定市民的參政權。	巴比倫的空中花園興建（BC600左右）	**古希臘【自然科學】** 畢德哥拉斯「畢德哥拉斯定理」（BC469~399）西方哲學的始祖。	
BC 546 ~510	歷經白希斯特拉脫斯（Peisistratos）一族的主政，雅典逐漸朝民主制度發展。	古波斯阿契美尼德王朝在西亞成立（BC550）艾菲索斯的阿提密斯神殿興建（BC550左右）		

年代	希臘國內的發展	外國的發展	文化‧文明的演進
BC 505	雅典政治家克里斯提尼（Cleisthenes）開啟民主制度。	羅馬成立共和制（BC509）	
BC 492	第一次波希戰爭。古波斯阿契美尼德王朝的大流士一世（Dareios I）入侵希臘。由於暴風雨而失敗。		
BC 490	第二次波希戰爭。在馬拉松戰役（Battle of Marathon）中，雅典軍獲勝。		
BC 480	第三次波希戰爭。經過薩拉米斯海戰（Battle of Salamis）、普拉蒂亞之戰（Battle of Plataea），希臘聯軍獲勝。		
BC 478	為對抗波斯，以雅典為中心成立城邦同盟（提洛斯同盟）。		**古希臘【哲學】** 蘇格拉底（BC469~399）西方哲學的始祖。
BC 460 ~446	第一次伯羅奔尼撒戰爭。城邦聯手為對抗日益擴大的雅典所發生的戰爭。雅典獲勝。此後，希臘城邦間的紛爭不斷。		
BC 431 ~404	第二次伯羅奔尼撒戰爭。斯巴達攻下雅典，掌握希臘的霸權。	雅典的帕德嫩神殿完成（BC433）	
BC 395 ~386	科林斯戰爭。掌握霸權的斯巴達對抗希臘其他城邦的聯軍。不分勝負。		柏拉圖（BC427~347）主張觀念界（eidos）〈國家篇〉。
BC 371	留克特拉戰役。底比斯降服斯巴達，掌握希臘霸權。		亞里斯多德（BC384~322）自然‧人文‧社會科學等，「萬學之祖」。
BC 362	曼提尼亞戰役（Battle of Mantinea）。底比斯失敗失去霸權，但雅典、斯巴達等其他城邦也式微。		
BC 357 ~355	雅典與希俄斯（Chios）、科斯（Kos）、羅得斯島之間，同盟城邦開戰。雅典戰敗。		

城邦時代

希臘古典文化

年代	希臘國內的發展	外國的發展	文化‧文明的演進
BC 356	菲立普二世平定馬其頓王國。	哈利卡那索斯的毛索洛斯墓廟（BC350左右）	
BC 338	喀羅尼亞之役（Battle of Chaeron-ea）。菲立普二世降服雅典‧底比斯聯軍，掌握希臘統治權。		伊比鳩魯（Epicurus, BC342~271）精神的快樂主義，開創伊比鳩魯學派。
BC 336	亞歷山大三世（後來的亞歷山大大帝）即位為馬其頓王。		齊諾（Zeno of Citium, BC335~263）精神的禁慾主義，開創斯多噶（Stoic）學派。
BC 331	亞歷山大率領馬其頓‧希臘聯軍戰勝大流士三世所率領的波斯軍（高加梅拉戰役〔Battle of augamela〕）		**希臘化時期【美術】** 米羅的維納斯（the Venus of Milo）（年代不詳）
BC 334 ~323	亞歷山大大帝東征。西元前323年在巴比倫病故。繼承者戰爭隨即展開，帝國開始四分五裂。	在羅得斯島興建太陽神巨像（BC280）建設亞歷山卓的法洛斯燈塔（BC279）	希臘化時期帝國的共通語言是希臘語。希臘文化擴及東方，也受到東方文化的影響而產生希臘化文化。
BC 146	馬其頓成為羅馬帝國的屬地。開始希臘的羅馬化。		
BC 27	希臘全部成為羅馬帝國的屬地。		由於羅馬文化強烈受到希臘文化的影響，透過羅馬帝國版圖的擴大，希臘文化擴及地中海。
AD 395	羅馬帝國分裂成為東西羅馬帝國。希臘劃規東羅馬帝國（拜占庭帝國）的統治下。	頒布「米蘭詔令」，羅馬帝國承認基督教（AD313）。	拜占庭帝國統治下的希臘文化一邊融合希臘正教，一邊向帝國內的文化扎根。
AD 1453	鄂圖曼帝國殲滅拜占庭帝國，占領希臘。	西羅馬帝國滅亡（AD476）	
AD 1821	希臘獨立戰爭開始。	希臘‧羅馬的古文化給西歐洲的文藝復興帶來很大的影響。	
AD 1830	希臘獨立，獲得歐洲列強的承認。		受到源於希臘文化的古典主義的影響，在歐洲盛行尊重歷史與民族文化的浪漫主義。

城邦時代　希臘化時代　羅馬帝國　拜占庭帝國　鄂圖曼帝國　獨立

希臘古典文化

伊斯坦堡歷史地區

古希臘時代之後，東羅馬帝國及鄂圖曼土耳其之都的「東西融合之地」

藍色清真寺

現在仍聚集伊斯蘭教徒的壯麗藍色清真寺。是十六世紀建造的鄂圖曼時期的最高傑作之一。清真寺內部裝飾著藍與白色磁磚，又稱素檀何密清真寺（Sultanahmet Camii）。特徵是獨特的六根尖塔與聖索菲亞大教堂（Aya Sofya）相對而建造，是伊斯坦堡歷史地區存在的象徵。現在藍色清真寺仍在使用，觀光客也能利用祈禱的其他時間入內參觀。

擁有世界遺產的伊斯坦堡歷史地區，幾乎看不到本書主題「古希臘」的建築。不過回顧歷史，在地緣上仍有某種程度的關連。

橫跨歐洲大陸東端和亞洲大陸西端的伊斯坦堡，座落於連結黑海和愛琴海的博斯普魯斯海峽上。

它位居南北及東西交通要衝的歷史十分悠久，可追溯到西元前 667 年的殖民城市希臘城邦美加拉（Megara，有一說在這之前是色雷斯人〔Thracians〕所有）。當時被稱為拜占庭的君士坦丁堡，也和其他希臘化時期的城市一樣，在歷經希臘化時期後進入羅馬的勢力，但於四世紀時出現重大轉機。

西元 330 年，當時的羅馬皇帝君士坦丁一世（Constantine I），將幅員廣大的羅馬帝國定都於此，因為意指「君士坦丁之城」（君士坦丁城邦）而被稱為君士坦丁堡，此時的伊斯坦堡躍升為世界中心。在東西羅馬帝國分裂後，成為東羅馬帝國的首都達一千年之久，為政治、經濟、宗教，以及文化的重心，盛極一時。

下一個轉機是發生在 1453 年。鄂圖曼土耳其的蘇丹·穆罕默德二世攻陷君士坦丁堡，鄂圖曼土耳其取代被殲滅的東羅馬帝國（拜占庭帝國）成為新主人。鄂圖曼定都於此，推動伊斯蘭化，將許多教會改裝成清真寺，另一方面也寬待被征服的基督教教徒，同意他們居住。後來，君士坦丁堡改名為伊斯坦堡。此後的 550 多年，伊斯坦堡一直因掌控著交通樞紐而十分繁榮。

現在的伊斯坦堡除擁有歐洲方面，即以前的君士坦丁堡區之外，還包括了亞洲方面有新市街之稱的廣大區域，人口有 880 萬人，是全球可數的大城之一。

被稱為「世界文化遺產的伊斯坦堡歷史區」，位於歐洲的巴爾幹半島頂端的舊城區，映入眼簾的是保存近乎完整的拜占庭和伊斯蘭教的壯麗建築。

現在步行於伊斯坦堡，很難強烈感受到自己是置身於伊斯蘭教國家，當然街道還是隨處可見清真寺和尖塔，以及聽到做禮拜時的可蘭經。但除此之外，則給人置身歐洲的錯覺。

這似乎和土耳其是伊斯蘭教圈中最西歐化的國家不無關係。其原因除了鄂圖曼土耳其帝國長期和歐洲各國對峙之外，更是要歸功於第一次大戰後土耳其的近代之父穆斯塔法·凱末爾·阿塔土爾克（Mustafa Kemal Ataturk）所推行的近代化革命（類似日本的明治維新運動）。

總之，伊斯坦堡的街道，乃至土耳其這個國家不只是東西匯合之點，連文化及歷史也出現了東西融合現象，也因此這個地方洋溢著其他地方所沒有的魅力。

🏛 聖索菲亞大教堂

拜占庭帝國的偉大遺產

　　以希臘語智慧之神 Haghia Sophia（神聖的智慧之意，譯成土耳其文為 Aya Sofya，英文為 Saint Sophia）為名的拜占庭帝國建築的最高傑作。此建築的歷史悠久，是東羅馬帝國皇帝查士丁尼下令建造的基督教大教堂，於西元 537 年完成。鄂圖曼帝國將其作為清真寺使用。其直徑 31 公尺、高 41.5 公尺的圓頂十分壯麗，如今拜占庭時代馬賽克鑲嵌畫得以重見天日。在伊斯蘭時代改成清真寺時，此馬賽克鑲嵌畫曾用灰泥遮蓋起來。

由埃及卡納克（Karnak）神殿遷移至此的狄奧西一世（Theodosius）方尖碑 (obelisk)。

曾是希臘德爾菲阿波羅神殿的青銅製蛇柱。

藍色清真寺周邊的歷史紀念碑

藍色清真寺的旁邊有個古羅馬時代的大競技場遺址黑波德若姆（Hippodrom）。現在只矗立著三根紀念碑，已很難想像當時的競技場模樣。另外在聖索菲亞大教堂附近有一個被稱為地下宮殿、建於四～六世紀羅馬時代的蓄水池遺跡。

托普卡比宮殿

聳立於東西交會的伊斯蘭建築的瑰寶

　　位於半島前端山丘上的鄂圖曼帝國的宮殿，為攻陷君士坦丁堡的穆罕默德二世下令興建，於十五世紀中葉完成後就作為蘇丹的住所、政治的中心。現在公開為博物館，可以見到蘇丹的豪華裝設。

現代的伊斯坦堡

現在的伊斯坦堡因位居交通要衝
而顯得很熱情。洋溢著濃厚伊斯蘭
文化及歐洲的異國風情。

古希臘旅遊指南

租車遊逛世界遺址方便嗎？

　　這次介紹的世界遺址，除雅典和伊斯坦堡外，有很多現在也都成為地方性都市，有電車和巴士等公共運輸工具可供搭乘。不過，考慮到接駁及當地的購票問題，還是有一些棘手處。想要多看一些世界遺址的人，參加旅行社的套裝行程倒是挺方便的。至於一個人旅行，想隨心意走動的人，建議可以租車。台灣的國際駕照可以在土耳其使用，加上治安和開車禮儀也不算差。土耳其是左駕右行。可先在赫茲（HERTZ）等國際租車公司預租，所以不會有太多需要高度語言能力的場合。另外若事先備妥地圖，並不會太困難，對於習慣某程度的旅行者來說，應該沒什麼問題。

貝加蒙
（Bergama，也稱為帕加瑪）

希臘文化大城貝加蒙，從伊士麥搭乘巴士約 2 小時的車程。由於衛城在近山頂的位置，距離頗遠，最好是從市內搭計程車前往。街道的另一頭有聖泉之城（Asklepion）遺址，如果打算用一天的時間繞完，建議以計程車代步。兩地的門票都是 10YTL（新土耳其里拉）。

伊斯坦堡（Istanbul）

到土耳其大抵都是由伊斯坦堡的阿圖克國際機場（Ataturk International Airport）入境。機場到市中心搭地鐵約 45 分鐘，搭計程車約 30 分鐘。另外也有巴士可搭乘。
擁有世界遺產的伊斯坦堡歷史區，位於歐洲區（Europe side）舊城區的蘇丹艾哈邁特（Sultanahmet），許多精彩的景致也都在這一帶。而相鄰的倍亞濟（Beyazit）有大市集（Grand Bazaar）。如果預計停留數天，光是在這裡遊逛可能就要花不少力氣了。

希臘共和國

土耳其共和國

⑦ 德爾菲

⑥ 雅典
邁錫尼 ⑧ ⑨ 埃皮道洛斯
奧林匹亞 ⑪ ⑩ 納普良

② 伊斯坦堡

① 貝加蒙

④ 伊士麥
③ 艾菲索斯 ⑤ 棉堡

克諾索斯宮殿

⑫ 克里特島

伊士麥（Izmir）

伊士麥是土耳其第三大都市，很適合作為拜訪貝加蒙和艾菲索斯等希臘文化遺址的起點。面海的城鎮沿著海岸線設置了漫遊步道，可一窺土耳其人日常生活的樣貌。從伊斯坦堡搭機約 1 小時可達，機場至市內搭巴士約 30 分鐘時間。

棉堡（Pamukkale）

位於伊士麥東南 250 公里處，距德尼茲利（Denizli）30 分鐘的車程。從伊斯坦堡搭飛機到德尼茲利約 1 小時 10 分鐘，若自伊士麥搭乘巴士要 4 小時，搭火車則要 6 小時。棉堡的石灰棚門票是 5 YTL，而將遺址作成溫泉游泳池的棉堡溫泉門票是 18 YTL，寄物櫃是 2 YTL。石灰棚也有溫泉，可著泳裝好好享受一番，若戴上潛水鏡，那就更棒了。住在附近溫泉鄉卡拉哈伊特（Karahayit）的遊客，請一定要記得帶泳裝。

艾菲索斯（Ephesus，也稱為艾菲斯）

艾菲索斯遺址的起點，是在從伊士麥搭巴士或鐵路 1 小時車程遠的塞爾柱克（Selcuk）。巴士從伊士麥出發約 1 小時一班，再從塞爾柱克搭巴士 10 分鐘就可抵達艾菲索斯遺址。艾菲索斯考古學博物館在塞爾柱克鎮上，阿提密斯神殿（Temple of Artemis）則在鎮旁與艾菲索斯遺址之間。艾菲索斯遺址的門票為 1510YTL。

雅典（Athens）

到希臘幾乎都是由雅典國際機場（Eleftherios Venizelos International Airport）入境。而從機場到市區可搭乘電車、巴士，以及計程車等，車程大約是 30 分鐘到 1 小時。

雅典是古希臘的中心都市，但在 1834 年成為首都之前只是個小村落。也因此遺跡等觀光資源都集中在於市中心的憲法廣場（Syntagma Square）一帶，絕大多數步行即可抵達。不過衛城面積廣大，要有可能走得很辛苦的心理準備。

順道一提，希臘的觀光地在旺季（7~8 月）、平日（4~6 月），以及淡季（11~3 月），很多東西的價錢都有極大差異。

德爾菲（Delphi）

阿波羅的神諭之地德爾菲，距雅典西北方約 170 公里的群山圍繞處，搭巴士約需 3 小時。雖然這裡是以當日往返於雅典的遊客為主流，但仍有一些趣味盎然的自然景觀可供欣賞，不妨在此住上一晚。德爾菲冬天積雪，為知名的滑雪勝地。另外從雅典到德爾菲，沿路盡是雄偉的山脈和連綿的橄欖樹田，很值得一看。德爾菲遺跡和博物館的門票是共用的，一張 6 歐元。

邁錫尼（Mikines）

距雅典 100 多公里、從離伯羅奔尼薩撒半島的起點哥林多（Korinthos）南行約 30 公里處，就可以看到邁錫尼遺跡。從雅典搭乘往納普良（Nafplio）的巴士約兩個半小時可到達邁錫尼。遺跡的門票是 6 歐元。由於周邊除土產店外，並無其他特殊處，建議可盡早往下一個目的地。邁錫尼遺跡和博物館的門票是共用的，一張 6 歐元。

埃皮道洛斯（Epidaurus）

埃皮道洛斯距離雅典約 100 公里，雖有世界遺跡，但交通十分不方便。既無直達的巴士，自納普良出發的巴士一天只有四班。這班巴士有經過埃皮道洛斯附近的里格里歐，雅典一天有兩班巴士開往這裡。從雅典到納普良大約需要 2.5 小時的車程，1 小時一班。另可搭火車，但要 3 小時，一天兩班。埃皮道洛斯和博物館的門票是共用的，一張 6 歐元。

納普良（Nafplio）

埃皮道洛斯附近幾乎沒有住宿設施，邁錫尼一帶的旅館也沒什麼了不起的旅館，建議到 20~30 公里的遠納普良下榻。這裡的人口有一萬二千人，是個港城，但因為曾經是希臘的首都，有著悠久的歷史。現在因風光明媚而成為著名的觀光勝地，夏天的旅遊旺季吸引了來自歐洲的度假客。納普良雖然不是那麼有名，不過一旦來到希臘，就不該錯過。

奧林匹亞（Olympia）

為古代奧林匹克競技場的奧林匹亞，位於伯羅奔尼薩撒半島的西邊，從雅典搭巴士要 5 個半小時。人口約一千萬人，是一個以觀光為主要產業的小鎮，只要步行 15 分鐘就可以將鎮上該看的都看完。但這裡的氣氛相當不錯，強烈建議住上一晚。奧林匹亞遺址和博物館的門票是共用的，一張 6 歐元。

克里特島（Crete）

從雅典到克里特島的最大都市伊拉克利翁（Iraklion），有飛機和船可以搭乘。搭飛機只需 55 分鐘，搭船則要 11 個小時，不過船票比較便宜，且有夜間航行的大型客船，可有效節省時間，讓旅行更舒適。只不過船票不容易在台灣透過旅行社代訂。從伊拉克利翁到克諾索斯皇宮（Knossos Palace）搭巴士約 15 分鐘。克諾索斯皇宮的門票和考古學博物館是共用的，一張 10 歐元。

從台灣到希臘共和國

台灣並無直航班機飛往希臘，必須至其他都市轉機。有意一覽本書介紹的希臘土耳其世界遺跡者，可搭乘土耳其航空到伊斯坦堡，再轉往雅典，這是最節省的路線。另外也可停留其他歐洲城市，觀光後再轉進希臘。

CG 製作記

　　首先，在此感謝給我這個機會的双葉社 Mook 編輯部、負責版面設計的 Office J・B 的飯田先生，以及我的家人。

　　這次的主題「古希臘」十分有魅力，彷彿與童年時期出現在故事書和漫畫中的希臘眾神久別重逢，好不懷念！與上回製作「古羅馬」一樣，在製作建築物和構造物時，記載著必要尺寸的「圖面」，幾乎付之闕如，很多部分都是利用推估的方式做成的。另外關於人物，尤其是雕像，要呈現出「如希臘雕刻般」的美麗，也是數位影像重現上極為困難的部分。

派歐尼奧斯的勝利女神像

　　一提到 Nike，也許大家會立刻就想到某個知名運動品牌，或是羅浮宮美術館內的「雙翼的勝利女神像」（Winged Victory Nike of Samothrace），這一回製作的 Nike，就是眾所皆知的「派歐尼奧斯的尼基」（Nike of Paeonios）像。

　　根據希臘神話記載，尼基是泰坦巨人帕拉斯（Pallas）和冥河女神斯梯克斯（Styx）的女兒。傳說在泰坦戰爭（Titanomachy，泰坦族和宙斯兄弟之間長達十年的戰爭）中，出身泰坦族的尼基還是站在奧林帕斯神這一邊，因而受到宙斯的讚賞。

　　雖然大家認為尼基是女神雅典娜（Athena）的隨從，但有時她也會化身為雅典娜。在本書中，尼基時而站在雅典帕德嫩神殿中的雅典娜本尊右手上，時而出現在宙斯的右手上，十分活躍。

　　順道提一下，雅典奧運的獎牌設計就是源自「派歐尼奧斯的尼基」。

　　誠如大家所看到的，奧林匹亞博物館中的「派歐尼奧斯的尼基」（如圖片所示）比起羅浮宮的「勝利女神像」（Nike of Samothrace）的損毀程度有過之而無不及，所幸奧林匹亞遺址的三角基座上有個圖示的看板，再參酌奧運的獎牌和復原模型，以及一些官方觀點的圖像，才做成這次的數位影像。

　　勝利女神像原本位於宙斯神殿正面高 9 公尺的三角基座上，呈現振翅高飛的姿態，為雕刻家派歐尼奧斯（Paeonios）的作品。

知識叢書1048

來當一日希臘人

CG世界遺產 古代ギリシャと世界の７不思議

作　者　後藤克典、Office J.B

譯　者　夏淑怡

主　編　林芳如

編　輯　謝翠鈺

企　劃　林倩聿

美術設計　賴佳韋

設計協力　陳璿安

董 事 長
　　　　　趙政岷
總 經 理

出 版 者　時報文化出版企業股份有限公司

　　　　　10803台北市和平西路三段二四〇號七樓

　　　　　發行專線：（02）23066842

　　　　　讀者服務專線：0800231705,（02）23047103

　　　　　讀者服務傳真：（02）23046858

　　　　　郵撥：19344724 時報文化出版公司

　　　　　信箱：台北郵政七九~九九信箱

　　　　　時報悅讀網：http://www.readingtimes.com.tw

法律顧問　理律法律事務所　陳長文律師、李念祖律師

印　　刷　華展彩色印刷股份有限公司

二版一刷　2015年11月20日

定　　價　280 元

⊙行政院新聞局局版北市業字第八〇號

國家圖書館出版品預行編目(CIP)資料

來當一日希臘人／後藤克典、Office J.B作
；夏淑怡譯. -- 二版. --
臺北市：時報文化, 2015.11
面；　公分. -- (知識叢書；1048)
ISBN 978-957-13-6423-0 [平裝]

1.古希臘 2.文化遺址 3.電腦繪圖

740.215　　　　　　　　　104019383

ANCIENT GREECE & THE SEVEN WONDERS
OF THE WORLD
© Futabasha 2007
All rights reserved.
First published in Japan in 2007 by Futabasha Publishers Ltd., Tokyo.
Chinese translation rights arranged with Futabasha Publishers Ltd.
Through Future View Technology Ltd.

ISBN 978-957-13-6423-0
Printed in Taiwan